Idea man

Idea man

Idea man

Idea man

ビジネスパーソンの街歩き学入門

頂尖人才的
街頭思考術

為什麼他們光是逛超市、吃美食、買東西、觀察路人……
工作績效、能力就是比人強！

日本王牌採購、組織革新達人
藤卷幸夫—著　　陳美瑛—著

目錄
CONTENTS

Chapter 1
一流人才從街頭學習「感性工作術」

Chapter

2

逛商場、觀察行人，化身市場趨勢大師

目錄
CONTENTS

Chapter 3

擴展工作好人脈，選家好餐館、當熟客

Chapter 4

住宅區、公共設施，培養超凡思考力

目錄
CONTENTS

Chapter 5

不起眼老店、捷運裡……練出高超的發現力

目錄
CONTENTS

推薦序

逛街，我人生的靈感來源

文／馮亞敏（團團精品創辦人．喜事國際執行長）

置身時尚產業多年，感知市場環境不斷快速轉變，無論身在世界哪個角落，要持續保有熱情與新鮮的心，**最重要的靈感來源就是——走出去逛街**。

因此，一收到商周出版寄來這份熱騰騰的文稿時，立刻眼睛一亮、翻閱著難以罷手，便將文稿塞進包包，方便隨時拿出來閱讀。

透過書稿，讓我發覺自己與作者藤卷幸夫應該有多次相遇的機會，我們的人生經歷有非常多的共通之處……。來自日本的藤卷幸夫，是一名王牌採購人員，也是組織革新家；他保持對時尚嗅覺的敏銳度與生活品味的講究，透過這本書談論他對生活的大小觀察。

回顧二十多年前，因為工作經常需要到日本勘察學習，望著車窗外充滿朝氣的東京街頭，有散步的機會我一定會走路。在那個全世界都在風靡日本設計師——川久保玲與山本耀司的年代，曾流傳一句有趣的諺語：「乘飛機在日本上空丟下一顆蘋果，都會打到設計師的頭。」透露出日本人美感在各行各業的高水準表現。

當時，身在其中的我，滿懷熱血地走在八十年代的東京街頭，從原宿、新宿、澀谷、銀座、表參道到南青山，一個人慢慢地走，**從城市的商業規畫、百貨櫃位的經營策略、商家的櫥窗陳列、店員的服務流程都是我的目光焦點**。

如果陳列架的服裝一成不變，這家品牌一定也不清楚市場上的潮流趨勢、毫無新鮮感。在當時競爭激烈的東京街頭，顧客自然不會主動走進商家，那麼這家店的經營策略一定出了很大的問題。

逛街，對我而言是一種**市場調查**的方式，邊走邊感受街道的顏色、溫度、空氣，不需要旅遊雜誌的報導介紹，憑著自己的嗅覺走到讓自己驚喜的時尚空間，用心觸摸每件做工精緻的衣服。每翻一件衣服就像翻閱一本書，不斷鍛鍊自己的時尚敏銳度。對於時尚界歷史的瞭若指掌，也讓我對品牌的經營奠定了基礎，以「直覺」瞬間看懂每一季的新款服裝。

回想這二十幾年來印象深刻的香榭大道、蒙田大道、第五大道，和我最常停留的東京時尚街道——表參道。以及一九二七年建成的青山公寓，在建築大師安藤忠雄加以改造後，誕生了「表參道之丘」，吸引無數時尚名品進駐、創造出無限商機。我因此發現，**一線城市總有一條充滿藝術活力和流行時尚的購物大道**，像是巴黎香榭大道以及紐約第五大道。

每當我們和國際名品公司進行簡報時，他們總會問我：「哪條街道是代表著臺灣的時尚大道？」想想我們有百貨通路和小店聚集的商圈，卻沒有時尚大道可以呈現臺北人國際觀，和多年累積出來的生活文化道路。**有了「發現」才能提出「假設」**，因此，我開始思考種種**將時尚結合在地環境**的可能性。

二〇〇九年，我們將臺北市敦化南路打造成一條媲美曼哈頓第五大道的時尚大道，在璀璨燈光照耀下，走出了國際時裝融入臺灣在地街道的獨有時尚風情。二〇一〇年，我們與臺北市政府合作，以總統府為秀場背景，為長達一六〇公尺的凱達格蘭大道鋪上華麗紅毯，改造成最美的戶外伸展台，為記憶中紛爭不斷的凱達格蘭大道，換上一張結合時尚與美麗的新氣象。

二〇一三年，將時尚舞台選在充斥街頭文化的西門町後街廣場，將高級街頭風格、數位印花時裝結合在地塗鴉藝術，營造出專屬臺灣的時尚街頭味，透過**時尚的力量**體現臺北的美麗時刻，創造力讓這個城市變得更有樂趣的記憶！

在書中和藤卷幸夫相遇，引發我思考上的許多共鳴，總令我在閱讀的過程中、不斷與他相互對話著。如果你願意花一點時間閱讀，不論是否把這本書當成一本「工作與人生的教科書」，或是複製或是重現作者的生活經驗，我們都應該抱持一種正向態度、國際視野。面對生活，我們應該更「**用心**」**體悟**。

找回上班族努力的原點

推薦序

文／伊藤篤臣（Alisan Dream Project 品牌創辦人）

「你的眼力很好喔！」這是我與崇拜的藤卷先生第一次見面時，他對我說的一句話。那已經是八年前的事了，這句話至今仍鮮明地在我腦中浮現。當時，我在日本表參道的星巴克工作。

最早的時候，我大量閱讀藤卷先生的著作。那時，我在工作上有數不清的煩惱，不過，總是在讀了藤卷先生的書之後，心中就會產生「繼續努力」的勇氣。

實在沒想過，我崇拜的藤卷先生竟然會來到我工作的店裡消費。我毫不遲疑地向前打招呼：「藤卷先生，您好，很高興認識您！也很感謝您！（笑）我是您的忠實粉絲喔。」

那時，藤卷先生就對我說了文章一開頭的那句話：「你的眼力很好哦！」經過兩年後，他成立了自己的公司——藤卷兄弟社，這是一家集合所有日製產品的品牌，並且邀請我去工作。

我毫不猶豫地答應：「沒問題，我願意加入！」隔天我就辭掉星巴克的工作，開始與藤卷先生走遍全日本，搜尋優質的日本產品。

藤卷先生不斷地提醒我：「伊藤啊，人是最重要的。**不重視人的傢伙，無論做什麼都不會進步的。**」

他總是在辦公室裡放著便箋，若有想見的人、當天受其照顧的人，以及收到對方送的禮物時，當天他就會立刻親手寫下便箋、把自己此時此刻的想法寄給對方。

我想，這就是藤卷先生之所以廣結人脈的原點。他的隨身碟容量總是很容易就滿了，光是名片，每天就會與上百個人交換名片。大家都想與藤卷先生見上一面，想與他說說話，因為，大家都好喜歡藤卷先生呀。

而且，他出席的演講總是座無虛席。雖然，跟在藤卷先生身邊只有兩年的時間，不過我近距離地看到、聽到，並且和他人討論到藤卷先生不為人知的努力與魅力。

透過這些，感覺我不但找到了身為上班族努力的原點，也因此鍛鍊了自己的內在本質。

後來，藤卷先生為了透過自己的力量改變東京、改變日本，而參加參議員選舉、也順利當選了。

正當他想要大顯身手改變東京之際，卻因為主動脈破裂、而於二〇一四年三月十五日辭世。我真的很難接受這個事實，就像是失去自己最重要的親人一樣地感到悲傷。

回想當年，我告訴所有人：「我想在臺灣打造自己的品牌！我想離開日本，接受挑戰！」身邊的人都堅決反對，但是只有藤卷先生支持我，他立刻對我說：「男人到了三十歲，就必須出去外面體驗各種經歷。去吧！」

只有藤卷先生跟別人不一樣，「伊藤，你要一直挑戰、一直挑戰。絕對不能停，趕快付諸行動吧！」即便我到了臺灣，他還是不間斷地給我鼓勵。

我對藤卷先生發誓，我一定會努力堅持下去，直到在天國的藤卷先生稱讚：「伊藤，幹得好，真的了不起！」

前言

街頭散步五分鐘，改變工作品質

常有人問我：「您的工作明明這麼忙，為什麼還能知道現在街頭各家商店或人物的消息呢？」

我的回答是：「因為我常逛街呀！」

雖然，我經常受邀演說有關「鍛鍊創意的方法」，或是「創意發想的祕密」等主題，不過我很清楚自己並非創意型的人才，也從不覺得自己有什麼特殊的感性能力或商業技巧。甚至，有好長一段時間我對如此平庸的自己，感到相當自卑。

我到底能夠做些什麼？

我該如何拉近與身旁「成功者」的距離？

未來我在工作上該如何表現？

對於自己能力的這些懷疑，透過不斷地「散步」提供了我清楚的答案。

在逛街的過程中，我有了新的發現、找到令我感動的事物；而逛街時遇到的人、事、物，還改變了我的人生。如果要說現在的我有些什麼樣的成就，我想那都是「邊逛街、邊思考」帶給我的。

本書內容是屬於我獨門的「街頭思考術」，這些方法乍看之下好像都是一些無法與工作立即產生關連的瑣事，或許還會有人認為：「逛街？散步？我才沒時間做這種無聊事！」

當然，只考量「時間」及「效率」的話，能夠毫不浪費地以最短距離到達目的地，確實很重要。但如果只是這樣的想法，工作就無法獲得樂趣。

所謂「有趣」，我認為就藏在「浪費」之中。

所以，我建議大家要試著特意去「繞遠路」。藉由「繞遠路」的途中，必定能彌補你內心的空虛及不足。

比起具體的實踐技巧，我覺得「浪費」這件事，更能夠拓展人的視野及發展空間。

雖然現代人每天生活忙碌，但真的！只要五分鐘就夠了！例如在你通勤途中、外出拜訪客戶之際、午休時間外出買午餐，或是到住家附近的商店購物……，即便是你再熟悉不過的道路，只要**有意識地觀察五分鐘**，必定會有不一樣的發現。

這麼一來，你的工作品質絕對會有改變，隨之而來的，人生也必定開始好轉。

截至目前為止，我已經出版過好幾本關於工作技巧、人際關係的書籍，但這本書卻紮實地收錄了我所有出版品的根本本質。可以說，這本書是我腦中所有想法、生活方式的集大成，在此不吝惜地分享給各位。

「千里之行，始於足下。」（編按：日本諺語原文為「千里の道も一歩から」，源於老子的《道德經》。比喻事情的成功，是從一步一步累積起來的）這是我始終銘記在心的一句話。

希望各位讀者一定要持續進行「街頭思考」，每天只花五分鐘，會讓你的工作以及人生變得更加有趣。一旦，上班族在工作時變得更加有活力，最後整個國家與社會也會跟著改變的。

Chapter 1

一流人才從街頭學習「感性工作術」

別走一直線，
試著迂迴繞路更有趣。

01 工作低潮，我離開辦公室、上街

算一算，我真正開始逛街的時間，大約也有二十五年了。我認為，自己之所以能有今天的成就，就是因為不斷逛街的緣故。

不過，為什麼我會開始想要逛街呢？

簡單說，就是我對自己沒有自信。

回想三十年前，當我還是日本上智大學的學生時，我參加了體育系的軟式網球社團。雖然聽起來好像滿厲害的，但這個社團絕對稱不上是一流社團，再加上我又沒有什麼特別引人注目的本領，所以不可能過著「受到女生簇擁」的彩色人生。當然，就不會去注意自己的裝扮，每天穿的都是圓領衫配上牛仔褲。

可是出社會後，這樣平凡的我，竟然會去和我以前充滿汗臭味的生活、完全相反的公司——伊勢丹百貨（Iseten，日本具有代表性的百貨商場）就職。當時，我不僅身材矮小、帶著眼鏡，對於名牌、潮流或是服裝搭配等，完全沒概念。所以進入公司後，就一直被前輩說我「很土」。

想不出方法？不如就到**街上走走**吧！

關於流行時尚，與其說我是從零開始，倒不如說我根本就是從「負數」開始，還比較恰當。我所具備的，只是年輕人的幹勁和氣勢而已。

我既不屬於創意型的人，也不懂設計。就算想到什麼企劃，也不確定那個想法是否真的有趣；或是提出任何有關品味的建議，因為我本來就不清楚「品味」到底是什麼。因此，在我剛進入社會工作的前三年，內心經常為了毫無自信的自己而感到苦悶。

當時，我負責「青少年運動區」專櫃的銷售，業績一直沒有什麼起色。就算我希望專櫃的品項能更多、更豐富，但眼前合作的廠商，卻無法滿足我的想法。即便如此，我也不知道該找什麼樣的客戶或是什麼商品，才適合我負責的專櫃。

於是，我開始把目光轉向外面。

既然**待在公司想破頭也想不出方法，不如就到街上走走吧！**看看街上，有些什麼東西。雖然，我不知道街頭是否會有我要的答案，不過總比坐在辦公桌前，不斷鑽牛角尖來的好吧！

當時，伊勢丹百貨營業到晚上六點，所以下班回家時，我會和同事或學妹們，特地前往和伊勢丹位於不同區域的原宿或青山等地（編按：作者工作的地方位於東京都新宿區，而原宿和青山分別位於澀谷區及港區）。會這樣做的原因，是因為當時覺得，「應該盡可能到處看看各地區的商店陳列與擺設」。

舉個例子來說，如果決定要逛青山區的話，我會今天先從表參道的十字路口走到原宿；明天再從表參道走到根津美術館；後天就逛骨董大道……。像這樣，先決定一個範圍後，再逐日把一條街從頭到尾走透透。

待在公司想破頭也想不出方法，不如就到街上找答案！

決定一個地區，就盡可能到處看看那裡的商店、商品擺設、住宅、行人……。

另外，當我對某家商店的某件商品感興趣時，我會照著商品標籤

先決定範圍，再從頭到尾走透透

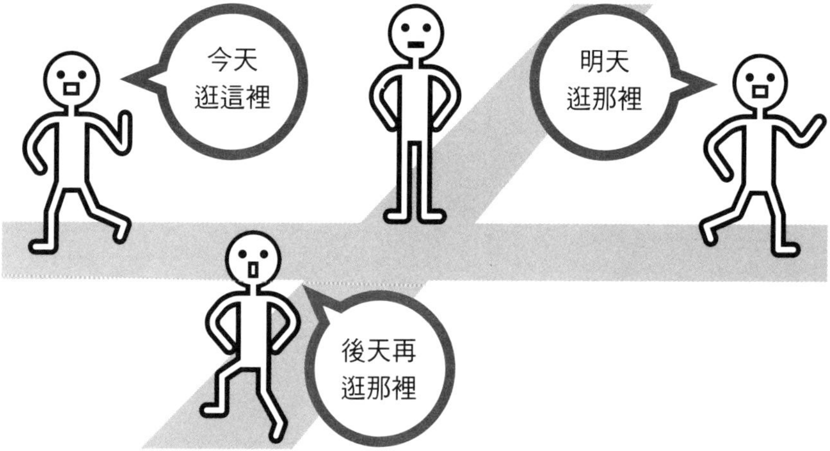

待在公司想破頭也想不出方法，不如就到街上找答案！
決定一個地區，到處看看那裡的商店、商品擺設、住宅、行人……。

上標示的經銷商或製造商電話，一家一家打電話聯絡。

就這樣不斷重覆，有一天我突然發現自己對於百貨公司、購物商場，以至於小巷裡不起眼的小店都非常熟悉，更建立了商品製造商與製造廠之間的通路。更重要的是，我也培養出對商品的鑑賞能力。

那麼，這對之後的我帶來什麼改變嗎？

在我二十五歲那年、升為採購助理後，就一直在心裡想著「有一天，一定要成功開發新商品」。而這個夢想，也奠定了我往後在職場上屹立不搖的地位。

為什麼呢？

因為我就是有辦法找到新的商店與新的商品，並帶來新的客戶，逐漸改變賣場的風格。只要商品汰舊換新的速度變快，業績當然也就隨之提高。這就是我透過逛街而獲得的首次成功經驗。

這個成功的經驗，讓我確實感受到「街頭散步」真的是一件非常重要的事。

02 王牌採購，逛出商場直覺力

工作沒多久，我就遇到一位成功人士，更加強化、確認我堅持「街頭思考」的想法。那就是在時尚界相當具有名氣、世界知名精品百貨Barneys New York的超級王牌採購負責人——康絲坦絲・達蘿（Connie Darrow，曾任Prada美國副總裁），一般稱她為康妮女士。

在我二十九歲時，伊勢丹百貨取得了Barneys的總代理權，並且設立「Barneys Japan」專櫃。與此同時，開始著手進行「Barneys專案」，而我則以伊勢丹派任的身分，參加這個專案。

在紐約總店接受採購訓練的我，跟著康妮女士學習到不少採購女裝的技巧。

有一次，她來東京進行市場調查。而她的市調方式非常厲害，**就是走路、走路、不停地走路**。只要抵達目的地，立刻下車，接著不停地走路。從銀座、澀谷、原宿、青山等流行起源地，走到上野、淺草等懷舊商店與社區，步行距離之長，真是令人瞠目結舌。

而且，康妮女士的逛街方式相當隨興。看到感覺不錯的時裝店或餐廳，就會毫不猶豫地走進去。

如果進去後覺得不滿意，就會板著臉孔快速走出來；不過若是覺得滿意，就會待很久，徹頭徹尾地觀察整家店的商品、裝潢、老闆以及店員，甚至連店裡播放的音樂也會多加注意。整個市調過程，就是不斷重複著這些動作。

但最令人感到驚訝的是，還是她的「直覺力」。

每當她一進到店裡，瞬間就能判斷這家店「喜歡」或「不喜歡」。彷彿在她跨過店家門檻的剎那，腦中就已經對這家店做出評斷似的，完全無須拿起商品觀察。也不用詢問這家店的背景，或是了解商品的製作堅持等。

凡是看到好的東西，她會稱讚；看到不喜歡的東西，也不願多瞧一眼。無論在世界的哪個角落，她的態度都是一樣的。

康妮女士的採購速度也是異常地快速。在展示會場中，總是能以極快的速度瀏覽，並檢視會場中大量的服飾設計及素材。同時，在腦中思索銷售計畫與庫存預測等，才開始下單。

她的採購速度堪稱神乎其技。一開始，我只單純地認為這是她資深經歷下磨練出來的技巧。正因為累積了多年的經驗，所以她的直覺與判斷，能夠幫助她在瞬間看透每一季嶄露頭角的新銳設計師，以及各式各樣的新款服裝。

當時我認為，這種技巧的純熟度應該也與工作資歷的深淺有關吧。如果工作能力是透過經驗值決定的話，那麼我再怎麼努力也永遠追不上她的。可是，看她走在東京街頭市調時，我發現事情並非我想的那麼簡單。

我觀察她逛街的一切行動，發現她會一邊走著，一邊感受街道的顏色、溫度、空氣，並且透過「五感」（視覺、聽覺、觸覺、味覺、嗅覺）仔細欣賞自己喜愛的空間，宛如正在填補感性（Sensibility）的庫存量一樣。

日本的傳統戲曲——能劇（編按：日本獨有、佩戴面具演出的古典

王牌採購懂得充分運用五感逛街

透過逛街不斷刺激並微調「感性能力」，
提升瞬間做出正確的判斷力！

歌舞劇），之所以沒有隨著時代的發展而消失、還能延續至今，我認為那也是因為能隨著時代變遷，不斷重複著「微調」的緣故。

同樣的，我認為康妮女士是透過逛街不斷刺激著自己**累積感性**，並藉由逛街經常**微調**她的感性。因此，她的感性不會變得遲鈍，在決定採購的當下，或是必須做出重大決定的場合，她的感性能幫助她在瞬間做出正確的判斷。

光是累積採購經驗，是無法達到她的境界的。換句話說，如果我只是持續做著同樣工作的話，將永遠無法追上她的腳步吧！

03 「半徑三公尺」，找到工作啟發

康妮女士不管身處世界的哪個角落，都能充滿熱情地逛街。這樣看來，最重要的果然還是「逛街」這件事。

光靠經驗，是無法培養出直覺力與判斷力的。具體而言，除了經驗外，還要加上「五感」的充分運用，才能培養直覺力與判斷力。正**因為持續運用五感磨練感性能力，所以才能夠發現好物品**。

在遇到康妮女士前，我已經比別人多了許多逛街的次數。不過，我從她身上學到的是「逛街的作風」。親眼見識到她怎麼逛街後，我便視她為我「逛街的老師」。

只要時間允許，我會更積極地逛街，而且逛街的時間也比以往更長，盡可能地繞路行走。甚至，我還逛到美國、法國、英國或是義大利等地。無論去到哪一國，我都會把握機會在當地逛逛。「逛街」這件事，儼然已經成為我的嗜好。只要一到國外，我就會馬上鑽進巷子裡、東逛西逛。

有時，在街上發現打扮時髦的女性，我便會跟在她身後、看她逛

持續運用五感，磨練感性能力！

些什麼，果然就會找到一些非常棒的店家。幸虧我用了這樣的方法，後來我變得非常熟悉巴黎或米蘭這些擁有許多精品街道的都市。當時，籌措海外特輯的時尚雜誌編輯部人員，還經常驚訝地問我：「為什麼您會這麼了解這些地方呢？」

因為如此，我從二十九歲到三十五歲間，才能滿懷自信地不斷進行「街頭思考」。

我想，也是這樣的習慣，讓我後來得以在伊勢丹百貨裡設立「解放區」（定期介紹新品牌、新銳設計）、「Re-Style」（網羅在地及海外品牌的概念時尚店）等令人注目的專櫃。讓許多來自國外的採購或設計師，還會特意來拜訪、跟我打聲招呼：「幸夫先生！」如果說，當時的我對他們有什麼獨特魅力的話，那都是逛街帶來的成果。

三十九歲時，我在伊勢丹百貨的「商店街」中，設立了名為「BPQC」的生活風格賣場。這是我在伊勢丹百貨的工作集結，也可以說是我逛街經驗的集大成。

在邁入四十歲大關前，我離開了伊勢丹百貨，開始經營公司。進入百年服飾老店福助、大型零售公司Seven & I集團（編按：旗下有7-Eleven、SOGO、西武百貨、Seven銀行等公司）工作；到後來創立襯衫與側背包品牌CRUM、藤卷商店等自己的店面。如果說這些成果都是拜街頭散步所賜，真的一點都不為過。

透過逛街，我懂得採購進貨、商品製造，甚至是獲得一切工作及人生的啟發。直到現在，我已經五十歲了，都還一直持續地逛街、工作著。

逛街的好處在於你可以依照自己的喜好，迎著微風、隨意走在街上，完全無須勉強自己。而你只需要帶著**一點點「關注」的心情、邊走邊看，就會發現一直以來不斷找尋的「東西」**。而這個東西將會因為某種機緣，與你的工作產生連結。

日本動漫界大師宮崎駿曾經說過：**「創意的線索，遍布在半徑三公尺的範圍內。」**

關心自己周圍半徑三公尺的事物

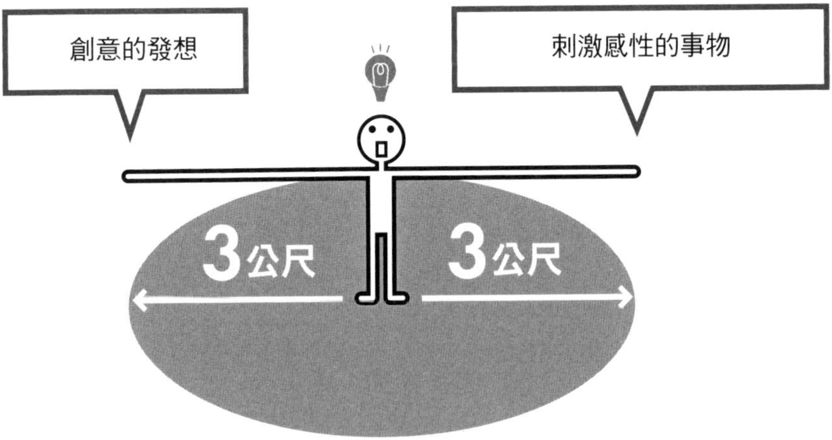

創意的線索，遍布在半徑三公尺的範圍內！
只要帶著一點點「關注」的心情、邊走邊看，
就會發現一直以來不斷找尋的「東西」。

如果是透過「街頭散步」這種方式，我相信，你的半徑三公尺，必定會更加寬闊。也就是說，光是逛街這件事，就能持續為你帶來啟發。就算現在的你對自己的感性或感知能力毫無信心，也能透過逛街提升感性能力，提高「啟發」的數量，總有一天，一定可以獲得豐碩的成果。

以前，我對自己非常沒有自信。即便到了現在，如果有人問我：「對自己有沒有信心？」我還是會回答：「沒有。」我想，這輩子我很難對自己感到自信。不過，對於判斷「某件物品好或壞」、「能否受到消費者喜歡」等直覺，我是非常有信心的，因為這是我從街頭散步中得來的成果。

雖然，**我不是創意型的人，可是現在卻經常受邀演講與「創意」相關的主題，這也是因為我經常一邊逛街、一邊思考帶來的成果。**可以說，我的人生重心，都是透過逛街而累積的。

04 美術館商品區，逛得久的人最有創意

參觀美術館欣賞文化或藝術品，確實可以刺激人的感性能力，不過，其中的重點其實是「隨處走走」。

我逛美術館，最主要的目的就是為了磨練自己的感性。當然，你也可以參觀自己感興趣的展覽。不過這麼一來，就只能在「自己感興趣」的範圍裡，找到新發現。與其這麼做，倒不如先不管現在舉辦什麼展覽，就順其自然地去參觀，如此一來，就會接觸到陌生的世界並且有新的發現。

之前，我就隨興地參觀過根津美術館，並在那裡第一次看到對安德烈·馬爾羅（André Malraux，法國著名作家、曾任戴高樂時代法國文化部長），影響深遠的日本國寶「那智瀧圖」（編按：以日本和歌山縣的那智瀑布為題材）。

當時，一看到這幅圖，我感動到全身僵硬、頭皮發麻。水墨畫中，充滿著對大自然不敢多做非分之想的敬畏之心。我的內心受到極大的震撼。每每見到如此令我感動的作品，我都會在畫作前久久佇

立，不肯離去。

雖然我喜歡欣賞作品，不過，若要我說最喜歡美術館的哪個樓層，其實我最喜歡的，還是美術館的禮品商店。

特別是國立新美術館的SOUVENIR FROM TOKYO（編按：透過以下網頁：https://www.facebook.com/souvenirfromtokyo，可見相關藝廊擺設及商品設計），是我最愛的地方。

館內搭乘手扶梯往地下樓層，會先看到丹麥設計大師阿諾・雅各布森（Arne Jacobsen）設計色彩鮮豔的天鵝椅（Swan Chair）。同時映入眼簾的，是開闊的展示空間。它是由現代生活精品公司CIBONE經營的店面。

與其他博物館商店不同的是，這裡所有的商品都是獨創的精品。展示空間裡陳列著各種類別、樣式、年代或是不同國籍的藝術工藝品、書本或是雜貨等商品。

每到這裡，我一定會在店裡逛上一圈。看到中意的商品，就會一件件拿起來仔細端詳。看著手中的物品，每次都給我不一樣的感覺。

比方說，Plaring塑膠模型戒指（編按：由設計集團Clunky Design推出，是塑膠模型結合戒指而成的飾品，顏色、形狀都能由自己組合。透過以下網頁，可見其設計：https://ja-jp.facebook.com/clunkydesign/app_205335232875290）；三千日圓（約新台幣一千元）就能買到的桌上型天文望遠鏡；雛鳥形狀的手工鳥笛（其實我自己就有一個）；復古產品Para Para Books（譯按：快速翻閱時可顯示出有趣動態圖案的小冊子），漂浮著綠色地球的雪花球……。

從引發鄉愁的物品到抒壓的趣味商品等，這裡可稱得上是大人的玩具世界。

這個空間展現了東京的多層次文化，同時瀰漫著感性的氛圍。光是待在這裡，就讓人覺得開心。順帶一提，因為覺得實在太有趣了，我還曾在這裡買過一個瓶蓋。

對我而言，這裡是創意的寶藏。把商品拿在手中觀賞時，腦中也

想一想，哪些人或物品可以重組在一起？

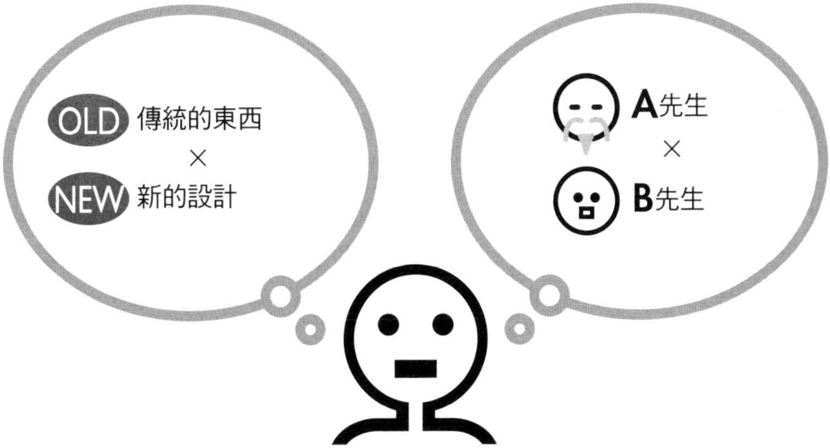

試著重組看看！將「這個」結合「那個」；
或是「這個人」和「那個人」一同合作，
或許就是新創意的來源！

下次，多逛一下
美術館商品區吧！

會浮現如果「將『這個』結合『那個』，應該很有趣」的想法，這樣的**假設思考**就能連結目前進行中的工作。

除了工作之外，對於人與人的組合也一樣適用。就像這樣，「重組」的想法總是會不斷地浮現腦中。

對工作而言，**「重組能力」其實是相當重要的**。

舉例來說，法國知名文具製造商ＢＩＣ的金夾按壓圓珠筆（Clic Gold），外型設計有著鋼筆般的典雅風格，卻只要一百五十日圓（約新台幣四十五元）的便宜價格就能買到。原子筆的顏色有綠色、深紅色等多樣選擇。如果將原子筆的上下部分拆開重組，就可以成為既高級又新潮的原子筆。

像這樣，**在工作中想不出什麼好點子時，就請試著重新組合既有的東西**。例如：「如果組合『那個傳統工藝』和『這個最尖端設計』的話，不知道會變成什麼？」或是「如果介紹『那個人』跟『這個人』認識的話，不知道會產生什麼化學反應？」試著這麼做看看，將會產生意想不到的結果。

光是稍微重組一下我們視為理所當然的物品，就會產生嶄新的風貌；或是乍看之下好像不可能的合作，卻會變成一件有趣的企劃，這樣創新的案例屢見不鮮。

所以，美術館是激發自己內在，讓內心產生新的感性的場所之一。希望大家一定要去美術館、特別是商品區逛逛。

逛街實用小物 01

準備一個托特包

逛街時，我最愛用的背包，其實是自己的品牌——CRUM。它是一個附內裡的托特包，使用的材質是厚帆布。

不僅設計簡單俐落，也可以配合自己的心情更換背包內裡。內裡選用了襯衫材質，而花色也會依照季節、推出不同設計，每一季約有二十種。背包內側附有放置行動電話與插筆用的小袋。如果是像三天兩夜的出差行程，這種大小的背包也足以應付。

在後續章節中，我將陸續介紹逛街時，我習慣放在背包裡的各種實用小物。

學設計、找需求，逛過超市沒？

05

走出國立新美術館到外苑東大道，背對著東京中城購物廣場，位在六本木大道時，一定要順便去超市——明治屋（編按：日本第一家進口食品、洋酒的專賣店）看看。

我總是會去那裡看**商品的包裝**。例如：義大利的巧克力、法國的果醬、南美的調味料等。有許多進口食品的包裝，都充滿著設計感。光是擺著，就是一幅美麗的圖畫。

當然，日本的商品包裝也毫不遜色，像是明治屋特有的杏桃、枇杷等罐頭設計，也是簡單易懂。ANAN公司生產的咖哩包——Curry Book，採用復古的黃色包裝，別有一番韻味。

除了明治屋以外，像在成城石井、紀伊國屋等進口國外食材的高級超市裡，我也會仔細地檢視食材包裝。

關於食品的包裝設計，最基本的要求，就是要讓消費者在看到食品的瞬間，就能產生「看起來好好吃喔」的感覺。而這樣的**包裝，多半也能拿來當成設計或是服裝搭配的參考**。

雖然，我主要的工作不是食品相關產業，不過觀察食材包裝，可以幫助我將腦中的想法較清楚地傳達給設計師。例如，我常會說：「就像是〇〇〇罐頭上的條紋設計」，或是「採用△△△巧克力包裝的質感」等。

從量販店到商店街，超市店家實在多不勝數。不過，總體來說，日本的超市還是缺乏「設計感」。或許有人認為，「超市」不就是購買日常用品、食材的地方，不需要太多設計。可是，我覺得多些設計感也不賴呀。因為，如果商品包裝能多點設計的話，就能讓「日常購物」這樣的例行公事變得更加有趣。

逛超市時，除了商品包裝外，一定要**檢視商品的陳列架**。一家商店的經營好壞，光看陳列架上的商品狀況，就能馬上分辨出來。如果陳列架上總是空空蕩蕩、品項稀少、補貨不足，那麼店員一定也不清楚市場上推出了哪些新商品。

最近，發生了許多有趣的事情。比方說，我接到與工作完全不同

利用超市陳列架，培養設計能力

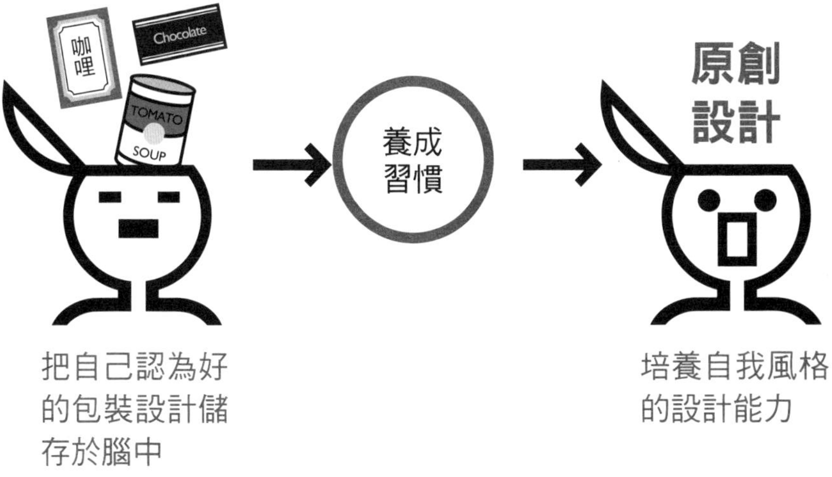

許多食品包裝，都充滿著設計感，而且最貼近消費者喜好。
而這樣的包裝，多半能拿來當成工作發想、商品設計等參考。

領域的店家委託，希望我能幫忙設計食品包裝；還有製作備前燒（代表日本的陶瓷器之一）的陶器師傅，邀請我擔任顧問，希望我能規畫消費者會喜愛的商品……。這些委託，讓我有機會體驗以前從來沒有體驗過的工作。

對一般人來說，如果是第一次接觸的工作內容，或許會感到焦慮、不安，但我完全不會。或許，就是因為我每天都會逛超市，這種與我們日常生活緊密連結的地方，並且不斷觀察陳列架上的商品，所以比其他人更能掌握一般消費者需求吧。

06 做市調，逛購物廣場最有用

購物廣場是我每次逛街必去的地方。不同的廣場大樓，觀看的重點也不一樣。

例如，出了澀谷車站，你可以前往一〇九大廈、丸井百貨，或是沿著西班牙坡道（編按：澀谷區內一條坡道的暱稱），進入品牌時裝店PARCO。如果是在新宿車站下車的話，可以從剪票口直接搭乘手扶梯進入Lumine百貨；若是前往銀座，可以逛逛銀座春天百貨（Printemps Ginza），或是並木大道上的銀座Velvia館。

比方說，如果想看現今真正熱銷的商品，一定要去丸井百貨。如果有自我風格，或是想尋找走在流行尖端的品牌，建議去PARCO或是聚集東京時尚流行的Laforet原宿。

想知道現在最熱門的店家，可以去位於車站內的購物商場例如Lumine，找到答案。我認為，**車站內的商場是最能看出時代潮流的地方**。因為，像是東京都市中心的車站購物商場，都聚集了當代最能吸引消費者的店家。

當你腦中有了商場特色的概念後，再來逛這些購物廣場就會很有收穫。

或許有人認為，「購物廣場裡，賣的大部分不都是女裝嗎？」我希望抱持著這種想法的人，改換一下思考的角度。

我們常說：「人有七種欲望、需求。」其中，「食、衣、住」是基本需求；附加的需求是「遊（遊玩）、知（知識）、健（健康）、美（美麗）」。而能滿足這些需求的，就是所謂的市場行銷。

購物廣場中，不僅充分滿足了消費者生活中的「食、衣、住、遊、知、健、美」，還充滿了這七要素的創意來源。如果經常觀察這些商品，就會不斷刺激自己腦中的創意。光是走一趟購物廣場，幾乎就能掌握市場接下來會出現的商品，或是時代的流行趨勢。

正因如此，我希望男性朋友們偶爾也要跟著女性朋友一起購物。不僅要在她們購物時積極陪伴，還要能樂在其中。我經常看到許多男性朋友在女伴購物時，傻傻地呆站在一旁，不僅令人感到可惜，也無

市場行銷，來自於人的七種需求

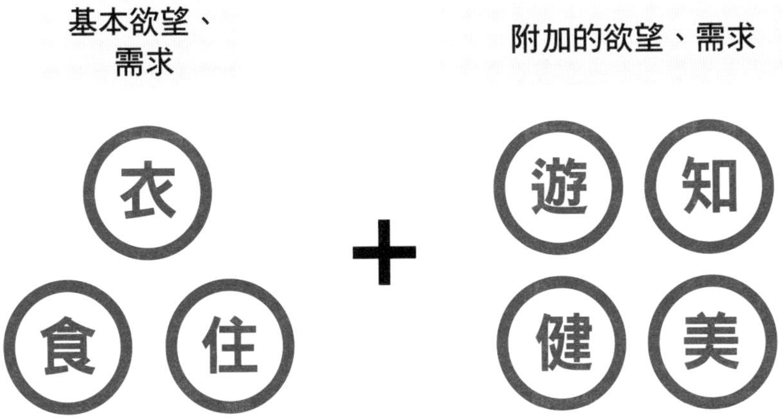

購物廣場，充分滿足生活中的「食、衣、住、遊、知、健、美」，
還充滿了這七要素的創意來源！

法培養自己的感性能力。

如果想要了解這七種欲望的各個面向，我建議可以**翻閱女性雜誌**。除了女性讀者外，我覺得男性平常也應該看看女性雜誌。因為，男性雜誌的內容多半在探討男士的配件、車子等，而女性雜誌卻有如購物廣場般，除了介紹食、衣、住、遊、知、健、美等各種資訊外，還會適當地介紹理財等資訊。因此，只要翻閱女性雜誌，就會因為雜誌內的新知而獲得刺激與成長。

不管是下班後在車站內的購物廣場逛逛也好，或是在書店裡站著翻閱女性雜誌也罷，完全無須在意「我可是男生……」。就連到現在，我也都跟女性們一起站著翻閱女性雜誌呢！

07 個人精品小店，高度市場敏感度

從JR原宿車站前往表參道，在抵達三麗鷗彩虹樂園前就先右轉，還沒到原宿站前郵局不遠處，有一家我最喜歡的複合式精品店，店名是「原宿CASSIDY」。

在還沒出現「複合式精品店」這個名詞前，這家店就已經開始經營，可說是男士精品店的先驅。店裡最著名的是貴族學院風格（Preppy Style）、校園風格，經營品項以美式休閒風為主。

店內的服飾都極有質感，並且在很早以前就引進Saint James、John Smedley、Moncler，現在也有Michael Tapia、Band of Outsiders等品牌。因此，這家店聚集了許多來自時尚界的粉絲。就連各大百貨公司的採購負責人，也一定會來這家店觀摩進貨品項。由此看出，這家店的時尚敏感度有多高。

一九八〇年代，日本開始出現複合式精品店；到了九〇年代，一口氣增加許多店家。複合式精品店，與從頭到尾只經營一個品牌的商店不同。前者是透過經營者的美感，從不同品牌購入服飾、背包、皮鞋或是雜貨等，是一種組合式的商店。

自從Ships、United Arrows（編按：二〇一四年，在臺北設立海外第一家直營店）、Beams（編按：臺北設有海外直營店）這三家最有名的複合式精品店，打出名號之後，市場上就出現許多這種類型的精品店。當時，我會一家一家地逛，不過大部分店家的經營型態，其實只是把好賣的品項重新組合，或是強打自家開發的商品而已。

在這些複合式精品店當中，不依賴暢銷產品或市場資訊，只憑藉本身的信心去採購自己真正覺得好的商品的，就是CASSIDY。

不管什麼時候去，只要看到店內的陳列商品，就可以清楚知道經營者的喜好。老闆不會隨著潮流任意改變店內風格，而是採購自己真正覺得好的商品。因此，每次我走進店裡，就很想掏出錢包買東西。座落在澀谷與原宿這帶服飾業的一級戰區，還能擁有三十多年歷史、建立其屹立不搖的地位，這家複合式精品店真是非常了不起。

CASSIDY有一位招牌人物——八木澤博幸先生，他的年紀稍長我一些。留著一頭及肩的鮑伯頭，戴著一副眼鏡，穿著打扮相當有型。不過，他完全不會讓人有氣勢凌人的壓迫感。不囉嗦、不強迫顧客，人非常親切。為客人提供的建議都非常實際、受用，感覺這個人就是一個純粹喜歡服飾的專家。

以前，八木澤先生建議我買的背心、長褲及毛衣等，到現在都還是我愛穿的衣服。他還有許多仰慕者，我相信一定有許多男性消費者曾接受過他的穿搭建議。

這家店經營至今近三十年，始終由八木澤先生一個人負責採購與銷售等工作，所以才能維持店內一貫的風格。

以前，我一直以為他就是老闆，但當我在某本書裡提到CASSIDY後，八木澤先生就寫了一封信給我：「長年以來，真的非常感謝您的照顧。不過，其實我並不是CASSIDY的老闆。真正的經營著另有其人，我只是一直負責採購與銷售的工作而已。」

因為他認真的工作態度，讓我誤以為他是老闆，當時實在感到很抱歉……。不過，看著手中那封有著漂亮字跡的信件，我的內心還是感到非常開心。

為了能多接觸店裡的商品、氣氛以及八木澤先生的率直個性，每每只要我經過附近，就一定會過去走走。這是一家非常好的店，現今卻還只是在一個不起眼的地點，經營著自己小而美的生意。不過，認真的八木澤先生最後終於開了一家冠上自己名字的店：CASSIDY HOME GROWN H. YAGISAWA。每次去到店裡，就非常期待他推薦的美式典雅風格。

在不斷推陳出新的眾多商品中，只要來到這家店，便能感受到有些東西就算歷經時代變遷，卻始終保持著自己的風格。我總是在這裡，確認自己心中喜愛與講究的東西，找回原始的初衷。

另外，位於東京惠比壽的Pt. Alfred，店內商品同樣是不受流行影響的經典款，我非常推薦來此一逛。這種非國際連鎖商店的個人複合精品店，透過它所展現的個性與風格，能夠培養出個人的感性能力。

08 小巷弄裡，相遇世界一流人才

二〇一〇年十月前，我一直在東京西麻布地區經營CRUM，這是一家銷售我最愛的襯衫與托特包的店面。而且商品的花色只有素色、格紋和條紋而已，採購的原因純粹是因為個人喜好。

雖然，CRUM遠不如上述的CASSIDY。但是，它一樣有達到「一家好店」的兩大原則。

要判斷是不是一家好店，有兩個基準方法：一是要有一**位有趣的店長**（雖然是我在自誇……）、二是**位於小巷弄裡**（而且，CRUM的對面還是墓園，感覺很酷，我很喜歡）。

位在小巷弄間而非熱鬧大街的好處是，當你離開商店、踏上歸途，會覺得心中回味無窮。那是一種發現好商品、買了好東西而感覺充實的滿足。在抵達大馬路前的寧靜巷弄中，這種充實感會悄悄充滿全身。

除了以上兩點，希望大家還能試著一邊逛街，一邊選擇適合自己品味的複合式精品店。訣竅就是**鑽進巷弄間的曲折小路尋寶**。這麼做

散步時，思考人生與工作的本質。

的話，一定可以發現令人驚豔的小店。

以前曾讀過某位美國詩人的作品：「請想想吧！工作是為了創造美的事物時產生純粹的喜悅，不是只為了賺錢，也不是為了推廣行銷，而是為了連結創作者與喜愛者、為了啟蒙而工作的。請試著思考工作的本質！」

當我讀到這首詩時，腦中突然意識到，那麼人與人之間的連結又是什麼呢？

我認為是「感性」。

所謂的「意氣相投」，是指在見面的瞬間就會產生深刻的連結。就算是初次相遇，也能共享人生的偉大夢想。如果說像我這樣平凡的人，是憑藉著什麼能與各界一流人士相遇、彼此深入的交流呢？我想，理由無非是因為我具備感性的能力。

與人產生連結的關鍵在於生命力。如果想要打從內心與相知相惜的人有所聯繫，首先要培養感性的能力。

該如何培養感性的能力？

就要多多踏出家門、上街走走，積極地走進自己喜歡的店家，從中培養自己的感受力。這樣的經驗不僅能應用在工作上，也能確實運用在未來的人生中。

藤卷大師的街頭散步地圖

SOUVENIR FROM TOKYO

東京都港區六本木7-22-2 國立新美術館B1F
www.souvenirfromtokyo.jp
TEL：+81-3-6812-9933
營業時間：10：00～18：00（週五至20：00）
公休日：每週二（如遇國定假日則延至次日公休）

原宿CASSIDY

東京都澀谷區神宮前6-6-4
www.cassidy.co.jp
TEL：+81-3-3406 3070
營業時間：11：00～20：00
公休日：每月第三個週四

Pt.Alfred

東京都澀谷區惠比壽西2-4-5星大樓2F
www.ptalfred.com
TEL：+81-3-3477-7952
營業時間：12：00～20：00
公休日：每週二、三

Chapter 2

逛商場、觀察行人，化身市場趨勢大師

帶著「和世界作對」
的心態散步！
捨棄大眾評價後，好好思考。

09 這樣想，你就跟別人不一樣

日本九州的特色列車──由布院之森（編按：由博多到由布院，屬於高原度假村式特快列車），擁有非常高的人氣。車廂內的裝潢，總讓乘客恍如置身高級飯店的房間，而餐車供應的餐點也相當豐富。

比起一般要求快速抵達目的地的列車，這班列車更能讓旅客體驗移動間的旅行樂趣。而這也是由布院之森列車大受歡迎的理由之一。由此可知，現今的消費型態已經轉變為「享受感性」，消費者喜歡**感性的消費型態**。我相信其他行業，也已感受到這樣的變化。

看到流行的事物，我經常會思考：「為什麼這個會造成流行」、「這波流行趨勢大約何時就會結束」……。看到小眾商品，我也會想：「該怎麼讓這個商品流行起來？」**先試著甩開世人對這項商品的評價，再進行自我思考**。

雖然，我創立的藤卷商店是以直球式經營決勝負，從不做過多的策略運用。不過，面對商品時，我會**以各種奇怪的角度觀察**。透過這種方式，經常讓我有意想不到的收穫。直到現在，我只要看到某件物品，就能知道接下來會出現什麼樣的商品了。

而所謂的「好東西、暢銷商品」指的又是什麼呢？是質感特別好的商品，還是價格便宜的東西呢？

其實，評斷標準因人而異。不過，以我來說，我認為的好東西、暢銷商品，是指能夠達到「設計＋品質＝一〇〇％」的商品。

商品的基本架構是「設計五〇％＋品質五〇％」。如果為了壓低價格而降低品質，就像是品質只做到三〇％，設計卻仍舊維持原有的五〇％，這樣整體標準便無法達到一〇〇％。

換句話說，品質下降會降低消費者對該商品的信賴感。因此，如果想要降低品質到三〇％，就必須將設計感提升到七〇％。否則，這項商品就會帶給消費者「便宜沒好貨」的觀感。

因此，**生產者如果想以便宜的價格銷售產品，就必須在設計方面**下工夫，這樣才能滿足消費者的要求標準。

逛街時，常會看到不少女性手提來自瑞典的H&M、美國的

FOREVER 21等平價服飾的購物袋。平價服飾之所以熱銷，是因為他們以「流行」為重點，提高設計感的構成比例。正因為日本目前處於通貨緊縮、購買力下降的經濟狀況，人們會將目光放在較為平價的商品，所以設計的層次才會更加受到重視。

當我還在Seven & I集團工作時，替旗下的伊藤榮堂（Ito Yokado）連鎖超市建立一個自創品牌pbi。為了消除人們對於「超市的自創品牌等於老氣」的印象，我們推出的一系列商品都相當具有設計感。

不過，就業績方面來看，這個策略在我還任職時，算是失敗的。雖然，我們能製作出「設計＋品質＝一〇〇％」標準的商品，但除此之外的其他元素還是有所不足。例如，包裝設計、廣告、銷售空間的設計等。商品之外的各個面向，都要列入整體設計的考量內。

如果在實際操作上都能全面兼顧，就能在市場上生存，日本平價時尚品牌UNIQLO就是最明顯的例子。藉由pbi的經驗，讓我得以思考生產作品時應抱持的正確態度。

10 都會型購物廣場，看人氣、知趨勢

如果想要在短時間內有效率地購物，都會型購物廣場是一個非常好的選擇。因為，你可以在同一個地方完成所有的採買，完全不會浪費時間。如果要在有限的時間內採購，都會型購物廣場會是你的最佳選擇。

近年來，東京陸續出現好幾個都會型購物廣場，像是六本木的東京中城（編按：匯集了各類商店、餐廳、旅館及美術館等設施）就是其中之一。

在這類購物廣場裡，你可能找不到特殊且具有個性，或是獨特、小眾的商品，但這裡算是**商品淘汰率相當高的地方，光是在裡面逛一圈，就可以知道當下的流行現況**。

像我在六本木逛街時，如果想要了解目前的流行趨勢或是現代社會的氛圍，就會到東京中城或六本木新城（編按：又稱六本木之丘，聚集辦公室、飯店、電影院、美術館等二百家以上的商店）走走。只是，有許多經營名牌商品的店家，在週末這種應該是人來人往的熱門

時段，卻是門可羅雀。

一般人總認為，店面冷清的原因是因為經濟不景氣，或是在其他地方也能買到同樣的商品。可是除此之外，我認為還有其他因素。這些購物廣場的高級名牌店都有一個共通點，就是當消費者進入店內的同時，就會有一種「冷酷」的感覺。店員總是以上對下的眼神、看待上門的客人，也缺乏和顧客之間的心意相通。

直到現在，我還是無法習慣那種冷酷的消費環境。我在這類型的商店裡，感受不到生活中的現實感，所以不太上門光顧。

當然，有的高檔商店還是會有不少忠實顧客，例如，東京中城裡經營家飾商品的WISE・WISE tools。以「餐桌小物」為主要銷售，並販賣各類具有質感的生活雜貨。

另外，像是長崎波佐見燒（編按：泛指長崎縣波佐見町地區所生產的瓷器）的陶製小茶壺；日本百年玻璃品牌木村硝子店的薄型啤酒杯等，都是一些資深職人或師傅費盡心血完成的作品。

觀察一下都會型購物廣場的人氣。

這些店家的商品會依照不同創作者進行陳設，清楚地表現出他們的世界觀。雖然，店內陳設營造出一種藝文空間的感覺，卻也不失商場經營的氛圍。最重要的是，店裡散發出溫暖的氣氛，當你想買禮物時，絕對會讓你想到「啊，去那裡一定會找到好東西」的好店。

同樣位於東京中城裡的「遊 中川」，是由在奈良已經擁有三百年歷史的麻織品老店——中川政七商店，分設出來的系列。其中最暢銷的商品，就是花布巾，還有其他手帕、布袋、文具等各類商品。這家店是以「旅行、日本工藝、設計」為經營宗旨，這同樣是藤卷商店的努力目標。

雖然這是間和風雜貨店，不過，感覺不會過度突顯「和風」。因為能做到適度的平衡，讓人感覺非常舒服。這些商品的設計感，可以豐富我們的日常生活，所以每次去我都會發現想要的物品。

你可以試著這樣做，**觀察一下都會型購物賣場裡的顧客數量，就可以清楚知道現在的消費者需要什麼樣的店家。**在這裡，便能在短時間內大致掌握目前社會的流行趨勢，因此我非常推薦大家逛一逛。

如果你發現自己感興趣的店家，建議不妨運用以下方法——**五公尺距離觀測法**，試著判斷這是不是一家好商店。這個方法是我在Barneys時代學到的。

首先，在離店面五公尺的距離，觀察這家店的整體狀況。如果覺得還不錯，再慢慢縮短位置，三公尺、一公尺、三十公分逐步靠近。就這樣一邊接近、一邊觀察這家店。

這麼做，就能更清楚地看到距離五公尺時所沒有發現的細節，例如商品的陳列方式、眼睛比較容易會注意到的海報位置……。

此外，可以再用自己的視線、他人的視線、小朋友的視線、不同身高者的視線等各種角度觀察，**同樣能注意到許多平常沒有注意到的部分**。

利用這種方式觀察的話，就能明白這間店家為顧客設想了什麼、熱銷的祕密，而這樣的發現，也能運用在自己的工作上。

五公尺距離觀測法，看出熱門店家的祕密

以各種角度思考

先拉開距離，再慢慢靠近！

11 傳統商店街，一個關鍵定成敗

我有一個非常喜愛的紅色皮革款皮夾鏈條。乍看之下，有不少人會覺得有一萬日圓（約新台幣三千元）的價值，不過，其實我買的時候只花了兩千日圓（約新台幣六百元），連我自己都有種「買到賺到」的感覺。

我是在上野阿美橫町（編按：有著許多食品、生活用品、服飾店家的商店街）內，某家不起眼的皮製品店買到的。它是一間專賣基本生活用品的老店。

逛商店街的樂趣之一，就是找尋這種老店。阿美橫町商店街裡有熱鬧的食品店、極具質感的商店等，非常多元。整條商店街的氛圍融為一體，感覺非常和諧。

但是，也有許多商店街面臨著嚴峻的考驗，例如，位於橫濱的元町商店街。

對我而言，元町商店街就是最經典的商店街，也是七〇年代傳統潮流開始流行的地點。旁邊緊鄰著中華街，附近也有國際學校，呈現

隨著時代**微調**，才是生存的道理。

出多元文化混合交融的風情。

雖然，現在的元町商店街依稀留有舊時風貌。不過，以往的繁華榮景早已消逝，絲毫看不出全盛時期的熱鬧景象。

走在元町商店街上，感覺到的只是這長長的街道、已隨著當初創造繁華景象的人們，一同老去。商店街裡有許多店面，彷彿停留在最初的時光，也跟不上時代潮流的腳步。的確，走在街道上的，幾乎都是老太太們。但就算都是老太太，也需要具有感性的商店，來幫助她們變得可愛呀。

我總認為商店街之所以發展受阻，是因為以往的繁榮所帶來的傲氣使然。雖然，宣稱要「活化商店街」，卻將經費浪費在沒有人會注意的燈飾上……。對此，我真心希望想要讓商店街生存下去，就要把心思放在「當下」。

其實，就算是基本款的物品，或是喜歡打扮的人，都會**隨著時代潮流慢慢進行微調**。正因如此，所以他們不管在哪個年代，看起來都不會讓人有落伍的感覺。

有時，**持續地改變會比堅定不移來得更重要**。生存的道理，也是一樣的。當我們分別走在熱鬧繁忙的街道與寂寥冷清的街道時，會讓人不禁思考時代要求的是什麼？還有……自己想要的又是什麼呢？

12 三個條件，讓你通過市場考驗

因為親戚的小孩就住在澀谷、原宿、青山那一帶，所以從十二歲開始，我就經常在那裡活動。直到現在，我還是喜歡去逛逛，因為那裡可說是流行時尚的發源地。光是走一趟，就會有許多新發現。

當我在日本百年製襪品牌——福助擔任社長時，便把總公司由創業地點的大阪府堺市，遷移到澀谷與原宿之間的明治大道上。理由是我認為公司同仁平常的工作地點，應該位在能夠接觸時尚流行及時代脈動的地方。

不過，現在這個區域也有了極大的轉變。最具象徵性的，就是青山一區一口氣增加了許多國外高級品牌進駐。

以前骨董大道、根津美術館，以及表參道十字路口上的店家，聚集了一些嶄露頭角的新銳設計師，販售著親手製作具有高質感的商品。現在，雖然有COMME des GARÇONS、TOCCA等品牌，依舊在此屹立不搖，可是卻有更多店家關門大吉，被國外的高級名牌取而代之。現在的青山，宛如銀座一般。

不過，自從二〇〇八年雷曼兄弟控股公司破產引發的金融海嘯以來，高級名牌也受到經濟不景氣的影響。例如，Versace從日本撤出、Louis Vuitton也開始放棄在日本繼續展店的想法等。如同前文所說，都會型購物廣場之所以沒有人氣的原因，而由市場反應可以看出消費者逐漸減少中。

但即便如此，CHANEL、Hermès等品牌，仍沒有受到不景氣太大的影響，依舊維持其穩定的業績。

推究原因，其實這兩個品牌都有一個共同點，就是他們**非常堅持自己的「傳統」風格**。而傳統，就來自於堅定的「故事、歷史、哲學」等要素。

「故事」是品牌產生的背景；「歷史」是因為當時的某種原由而創立；「哲學」則是製作商品的概念。如果想要守住這個傳統，就必須心無旁騖地持續維持同樣的狀態，例如堅守商品製作方式或是店面風格等。

三個條件，成功通過市場考驗

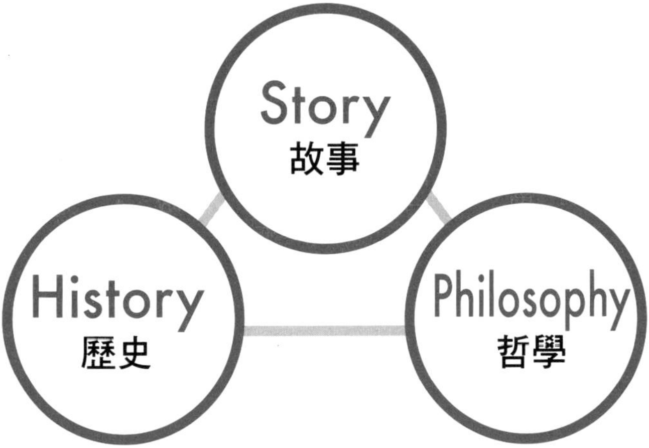

「故事」是品牌產生的背景；
「歷史」是因為某種原由而創立；
「哲學」則是製作商品的概念。

「店面的展示櫥窗」與「店內的視覺演出效果」，都是店家想傳達給消費者的訊息。維持下去就會產生不變的風格。

正因為他們能夠持續堅持，所以才能在市場上成為具代表性的名牌。換句話說，這就是持續的威力。**唯有堅持風格的品牌，才擁有真正的實力**。

另一方面，有的年代流行裝飾或花色多樣的服飾。不過，進入二〇〇〇年後，愈來愈多人會選擇設計非常簡單俐落，但又講究材質或舒適感的品牌，例如來自德國的Jil Sander。這是因為比起利用品牌襯托自己，消費者更願意把錢花在「穿了這件衣服，內心就能感到滿足」的商品。

我想，這就是所謂的「成熟」吧！在成熟社會中，如果知道商品背後的故事，會更容易促進交易。

正因如此，現在商品最需要的就是「故事、歷史、哲學」。雖然，以前曾經有過「光是擁有名牌，就能夠得到滿足」的時代。不

故事、歷史、哲學，才能帶來好商機。

過，現在大家都了解，光是「擁有名牌商品」，終究無法滿足人真正的內心。

在經歷過「擁有名牌」就是幸福的年代之後，現在轉為重視買方的內心感受，像是「擁有就能感到滿足」、「擁有就能成就一段故事」。如果是花費相同的金額，我相信消費者一定會選擇具有故事背景的商品。

二〇〇九年，以自然為訴求的保養品公司B×E，推出一個名為「凜戀」的品牌。特別的是，它是與日本高知縣的柚農等在地果農及香草農家們，共同合作的系列商品。我除了進行品牌名稱命名外，同時協助製作品牌標誌與圖象等。

合作的起源，是因為在柚子盛產地——高知縣，總是會有大量的柚子皮被丟棄。看著柚子皮就這樣丟掉，真的很可惜，所以我們開始發想是否能利用柚子皮的保溼成分，製作身體保養品。由於材料都是日本境內生產，同時能為日本農業盡一份心力。再加上B×E公司的杉谷惠美社長等人熱情積極的想法，而開啟了這項合作事業。

凜戀推出的系列商品，有洗髮精及沐浴乳等。一罐柚子洗髮精使用了七顆柚子萃取出來的精華，是相當堅持品質的商品。一推出後，在主要販售生活用品的澀谷LOFT百貨裡（有著最齊全的化妝品與相關商品的賣場），立刻就達到驚人的業績成長。

我想，這是因為產品設計確實傳達了化妝品公司與在地農家合作的「故事」，開創了日本原創化妝品的「歷史」，以及堅持使用在地安全且安心的材料、製作商品的「哲學」，所以才能創造出如此驚人的業績吧。

逛街時，請在腦中想著「故事、歷史、哲學」這三個條件，仔細觀察、思考街上的商品與店家。

逛街實用小物 02

準備一條手帕

出門時，我一定會隨身攜帶一條手帕。有時，我也會買一條兩千日圓（約新台幣六百元）的手帕。因為我認為在看不見的地方講究，才是一種品味。而且，如果用品質好一點的手帕，也會產生微微地奢華感。

我個人最喜歡用的手帕，出自於東京池尻大橋的男性手帕專賣店——H Tokyo。這家店販售高達數百款的手帕，光是襯衫材質的直條紋手帕就有好多種。

而且手帕的縫製法跟披巾一樣，是由師傅親手縫製的捲針縫（又稱捲邊縫），產品的觸感相當細緻。H Tokyo是一家在逛街途中隨意停下來看看，就會讓人感到幸福的商店。

13 最好的行銷大師——平價服飾

逛街時，「觀察人們會在什麼樣的店裡購物」，是我進行個人市場調查的方法之一。**我一定會觀察街上行人手提的購物袋。**

最近，不管在哪個街頭，經常都會看到路人手拿著H&M或是FOREVER 21的購物袋。

自二〇〇八年金融海嘯以來，平價服飾的文化開始盛行。其中，進入日本的兩大平價服飾H&M與FOREVER 21，每逢週末，店裡的人潮總是比別家店還多。時下最流行的服飾，全都聚集陳列在店頭。

首先，看看價格標籤。每件商品的確都很便宜，彷彿每天都在大拍賣。再來迅速檢查服飾的設計，確實都掌握了流行趨勢。一件掌握現今流行時尚的牛仔褲，只要三千日圓（約新台幣一千元）就能買到，這讓售價才約一萬日圓（約新台幣三千元）的Levi's牛仔褲，都讓人覺得太貴。

「將最新流行帶入設計，並在短時間內不斷地大量生產，再以便宜價格銷售」，這種供應結構是日本企業一直以來都做不到的。

平價服飾店提供的商品與價格，總是帶來相當熱絡的買氣。而且，每家店都各自有其獨特的風格。與其說是服飾店，倒不如說像是迪斯可舞廳、或是演唱會現場那般熱鬧。這種現場演唱的氛圍，或許就是店家招來人氣的原因也說不定。

如果，以「業績就是王道」的標準來看，這樣的店就是一家「好店」。但是坦白說，我對這樣的店還是會感到不自在，因為我無法感受到它的「故事、歷史、哲學」。

如果，要我評斷平價服飾店所推出的商品是否有故事或文化，老實說，我認為應該是沒有的。而且，有很多商品是過季後就沒辦法再穿的單品。或許，正因為這是流行服飾店，所以才不需要故事吧。

以上純粹是我這個歐吉桑的個人想法。對於二十四歲以下、想要認真打扮的年輕人來說，平價服飾店是非常親民的。這樣的流行，如同集體感染了「麻疹」。不過，對於那些流行經驗不足，消費能力有限的年輕人而言，**平價服飾是了解時尚的極佳入門款**。年輕時，試穿各種服飾也有助於培養自己的眼光，與塑造自己的風格。

逛過原宿的H&M與FOREVER 21之後，再前往對面的UNIQLO。仔細看過後，更讓人確實感受到他們的厲害之處。雖然，後者的價格與平價服飾的兩大龍頭不相上下，但素材的品質卻好很多。

約在一九九八年，UNIQLO為市場帶來極大的震撼。他們一改以往便宜又俗氣的印象，轉而開發各種具有設計感、豐富色彩的人造纖維商品，並且重視基本款品項。每種商品的設計都非常休閒，價格也很親民，廣告中更明確地傳遞出這樣的訊息。當時，我便有預感這將形成一股新的流行風潮。

某一天，我在街頭散步時，沒想到那天氣溫比我預期的低，只好隨意走進UNIQLO想買件防寒衣。在賣場裡，找到一件不到六千日圓（約新台幣一千八百元）的藍色背心。不僅輕薄、保暖，而且還能摺成很小的體積。我只試穿三十秒，就馬上去櫃台結帳了。

又有一次，突然下起雨來，我只能衝進UNIQLO買了一把傘。兩把折傘只要一千五百日圓（約新台幣四百五十元）。開傘後，還可以利用金屬零件固定傘套，完全不用擔心搞丟。這樣的雨傘不僅具有功能性，設計上感覺更顯自然。

隨時進化且不受過去牽絆的UNIQLO商品，都具備了完善的功能。我認為，這便是UNIQLO的優勢——使用十分優良的素材。單就這點而言，H&M和FOREVER 21的服飾就不太具有功能性，但還是具備潮流和時尚感。所以，消費者只要依自己重視的元素，選擇合用的商品就好。

不過，我希望大家能夠「愛用國貨」。如此一來，不僅能培育自己國家的時尚文化，更重要的是，我們身負著傳承文化的義務。每每去逛平價服飾店時，我的腦海中就會產生如此強烈的想法。

14 路上行人藏著未來流行趨勢

我會一邊逛街，一邊針對當天決定的主題，觀察街上行人的穿著打扮。例如，我會先決定「今天要看背包」，或是「今天要看鞋子」的主題後，再出門散步。

當你鎖定「觀察重點」逛街時，很容易就會發現有趣的現象。舉個例子來說，近年來羅馬鞋非常受到女性消費者的喜愛。當時尚雜誌剛開始介紹羅馬鞋時，就算是走在流行的原宿街頭，大約只有一、二個人會穿羅馬鞋而已。可是，當一般雜誌也開始報導、且店面經常看到這類鞋款時，穿羅馬鞋的人一口氣增加了許多。

當你發現每五個人就有一人穿著某種鞋或服裝時，代表這樣的風潮已經非常盛行。

多年前，只要走在六本木街上，就會看到好幾位女性會利用瓶蓋或是小吊飾，裝飾自己的背包。那樣的做法真是可愛。自己常用的背包，只要花點巧思，不用多花錢也能做出不同的感覺。

買來的物品不是直接用就好，應該要用自己的方式再製作，創造出自己的風格。

其實，這樣的改製風氣也曾在七〇年代流行過。不製作、不購買新的東西，而是稍微加工手上現有的物品，製作出一件獨一無二的商品。即使經濟不景氣、或是沒有多餘的預算購買新商品，也能享受裝扮的樂趣。

當時我便在想，「或許，這樣的改製風潮在不久的未來將再度興起」。

果不其然，這股改製風潮後來真的再度興起。日本知名飾品品牌——Q-pot.，手鍊上彩色的馬卡龍及冰淇淋造型裝飾，之所以受到消費者喜愛，也是因為這些可愛的飾品，可以依照個人喜好做出不同的搭配，適當地掛在自己的背包或手機上。

每當我在街頭散步時，不僅能感受到人們的喜好與生活型態的改變，還能觀察到時代變遷的徵兆。**而從這樣的變化與徵兆中，就能成功預測出時代的潮流與趨勢。**

許多對於現今世界觀或生活型態毫無敏銳度的人，缺少的只是出門散步而已。如果經常在街頭散步，一定可以了解更多人、事、物，以及世界潮流。

藤卷大師的街頭散步地圖

WISE・WISE tools

東京都港區赤坂9-7-4
東京中城 Gardenside Galleria D-0313
www.wisewise.com
TEL：+81-3-5647-8355
營業時間：11：00～21：00

遊 中川（中川政七商店・東京中城店）

東京都港區赤坂9-7-3
東京中城 Galleria B1F
www.yu-nakagawa.co.jp
TEL：+81-3-6804-1310
營業時間：11：00～21：00

Chapter 3

擴展工作好人脈，選家好餐館、當熟客

不要害羞或在意他人眼光，
感覺對了，
就主動打聲招呼吧！

15 一家餐廳，認識各個領域的專業

日本知名攝影師飯田安國先生，經常寄明信片給我，每年至少會收到六張以上。而且每張明信片上，總會寫著讓人深思的詞句，例如以下的文字：

人們總是因互相了解而喜歡，但也因為深入了解而分開。所以，還是不要彼此了解比較好，保持誤解的狀態還比較浪漫……。

我與安國先生是一年會在某家餐廳碰面六次以上的朋友。而且，神奇的是我們每次相遇都是出自偶然。雖然每次見面時，兩人都會一起喝到爛醉，不過見面後，他總會寄精美的明信片給我。

仔細回想，我與他第一次見面，也是在那家餐廳。如果不是因為美食而相遇，我和安國先生根本不可能相識。

因為有豐富的人脈關係，經常會有人問我這樣的問題：

「要怎麼做才能像您那樣增加人脈呢？」

「該怎麼做才能認識各種不同類型的人呢？」

想擴展交友圈？先選幾家好餐廳。

有個方法，我從來都沒有公開過。如果從某種意義上來看，要說這個方法是建立人脈最重要的一點，或許一點也不為過，那就是——**成為餐廳熟客！**也因為這樣，我才會認識安國先生。

確實，我對於自己豐富的人脈，比任何人都還要感到自信。只要一打開手機，就會湧入許多留言（後來，我終於換了一支可以記錄兩千封留言的機種）。所以，我不僅出版過《人脈教科書》（Index Communications Corporation出版）等著作，更經常受邀演講「人脈」相關的主題。

不過，老實說，我並不是從小就擁有廣大的交友圈及人脈。當我還是伊勢丹的新進人員時，我的人脈充其量只有學生時代的朋友、公司的同事以及上司而已。在服飾業這種需要靠人脈工作的世界裡，這樣的狀態令我感到相當焦慮。

在我二十多歲時，經常思考如何「建立人脈」。同時，我靠著自己的努力，不斷設法增加人脈。

關於增加人脈的重點，我在相關著作裡，談了許多個人的想法。比方說，抱著單純的好奇心、以最純真的心情與對方溝通；讓對方立刻感受到你想和他碰面「單純、不帶目的」的心情；以及重視「感性」、「微笑」、「緊追不捨」等「五項法則」。

還有，與對方見面的隔天就要寫信給對方，有時也可發一封令人感到驚喜的電報（編按：目前日本電信公司仍有提供電報服務，會將所傳訊息依照場合以特制的信紙和信封印出。主要用於祝賀新婚、生日、畢業或致哀）……。以上我所提供的，都是「明天就可以開始做」、有效拓展人脈的方法。

而成為一家好餐廳的熟客，則是我從沒公開過的。

我經常外食，特別是在二十幾歲至三十多歲時，我會每天特意地到不同的餐廳用餐。因為，本來就喜歡享受美食，甚至還曾在自己的部落格裡公開「藤卷定食」。「不管定價，我就是要吃好一點」，讓自己每天都能過得很開心。

我的人脈建立法則

用最單純的心情與對方溝通

感性、微笑、緊追不捨等五項法則

寫信或是發封令人感到驚喜的電報

＋

成為一家好餐廳的熟客

建立人脈，除了立刻可行的方法外，
成為一家餐廳熟客是我獨門的人脈擴展法！

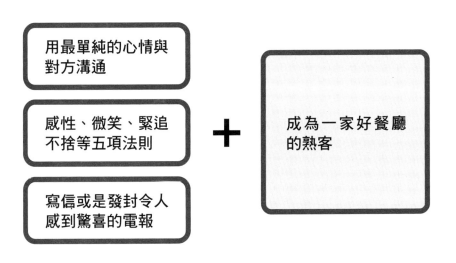

從沒什麼存款的那段日子開始，我就在各種餐館裡用餐。這麼做還有一個理由，就是「我想尋找一家可以成為熟客的店」。因為我認為，**如果能成為某家店的熟客，就比較有機會認識到工作領域以外的交友圈。**

就如同前文所提到的，我在餐館裡遇到像安國先生那樣平時根本不可能認識的朋友。

而成為一家有著美食、好酒的餐廳熟客，人脈就會在你意想不到的狀況下拓展開來。

逛街實用小物 03

用來隨時記錄的行動電話

逛街時，如果發現自己感興趣的東西，我會利用「照相」的方式，記錄自己當下的感動與驚喜的心情。

如果來不及設定數位相機，我手中兩支行動電話的相機功能也足以應付拍照使用。而且，自從換了iPhone手機後，因為畫面更大、拍照時更覺得有趣。

另外，如果逛街時，腦中突然想到「如果安排這個人與那個人見面，應該會很有趣」，我就會立即打通電話，介紹他們互相認識。

對我而言，行動電話可是不可或缺的溝通工具。

16 多參加聚會，製造對話契機

二十九歲那年，我終於做到夢想中的工作——時裝採購。不過，由於大學念的是經濟系，也不曾學過設計，所以很難有機會與時尚界或參與時尚的創意者對談。就算我知道美國藝術家安迪．沃荷（Andy Warhol，視覺藝術運動普普藝術最有名的開創者之一）的名字，也無法針對他的作品做出任何評述。或是，如果有人跟我聊巴黎或米蘭精品店裡播放的背景音樂，我也完全一竅不通。

為了能多了解一些他們的文化、能跟他們擁有共同的語言，我想到一個方法、並在心裡打定主意，「就是要**認識各種不同領域的人**」。於是，每當我結束一天的工作後，就會刻意去非常熱鬧的地方，或是有很多人聚集的場所。

所以，當我二十至三十幾歲時，經常參加朋友的派對或聚餐。在服裝界裡，有非常多關於新品發表或展示會等相關派對或活動。很幸運地，我靠著年輕人的活力與氣勢，總能在現場大聲加油。但又很可悲地，我只是在百貨公司裡工作的一個小職員，收入其實沒多少。所以手頭上沒有多餘的閒錢，可以讓我一星期去參加幾次要繳交五千日圓、一萬日圓入場費的派對。

曾有幾次我想參加派對，但身上卻只剩下五千日圓的生活費，真的很慘。只要遇到這樣的情況，我就會在活動結束前二十分鐘才溜進去。坦白說，我的想法是，如果在活動快結束時才進場的話，就不會被收取那麼貴的入場費（各位，我錯了，對不起！）所以，我總是跟收票員說：「反正活動都快結束了，通融一下啦！」或是「收半價就好了啦！」而負責人員就會笑一笑、讓我進場。

順利突破難關後，我會在場中拿著一杯香檳，每遇到一個人就主動問：「我們最近都沒見面嗎？」要是對方回答：「不太清楚。」時，**我也不會氣餒地繼續問下去，尋找談話的契機**。

就這樣，當我回頭檢視時，才發現自己原來已經認識了那麼多時尚界的設計師、人氣商店的老闆、創意工作者或是音樂家等。同時，我已經學會這些人的共同語言，並且能與他們流利對話了。

17 不用富過三代，也能懂吃穿

除了參加派對活動外，在那段「菜鳥」日子，我會頻繁地去餐廳吃飯。而且，會盡量選一些高級餐廳，或是對酒非常了解的人才會去的酒吧。

當然，我並沒有多餘的錢可以花用。所以，我曾經這樣點餐：「我身上只有一千日圓，請幫我選這價位的餐點。」有的餐廳會請我出去，也有的餐廳會給我小盤的前菜跟開水，還曾經遇過隔壁桌的客人，看我連吃主菜的錢都沒有，而好心請我吃一頓主食。

現在想想，以前我還真是一個「奧客」。如果要我舉出以前做過什麼丟人的事蹟，那可真是說也說不完。不過，當時的我就是憑著勇氣、膽量與好奇心，勇於行動。

正常來說，或許大家會想：「等經濟較為寬裕後，再去高級餐廳」的做法比較妥當。不過，光是聽到別人說某家餐廳很好吃，如果自己沒有親自吃過的話，就不知道是不是真的那麼美味，也無法培養品嚐美食的能力。我認為，**從年輕開始累積品嚐美食的經驗，也會提**

升鑑賞東西的眼力。

有句話說：「富過三代，才懂吃穿。」意思在於，辛苦累積財富的第一代，不管吃到多高級的料理，也無法成為真正的美食家。而且，人的口味會受父母的喜好影響。所以，如果想要磨練味覺的靈敏度、培養鑑賞美食的能力，必須經過三代的養成才有可能辦到。

我並不是生長在重視美食的家庭。其實，我對食物的味道感覺很遲鈍。但是，如果因為「富過三代才懂吃穿」這句話，而放棄自己的話，那就什麼都不用做了。雖然，不要太過講究、不懂食物的原味或許也不錯，但我還是希望找到自己認為「美味」的味道與餐館。

所以，我才會從便宜的居酒屋吃到高級餐廳。而且，我認為一家**好餐廳可以讓你學到許多事，例如菜單的設計、服務的好壞、客層以及氛圍的掌握等**。如果成為一家好餐館的熟客，便能與懂品味、美食的老饕們互相交流。

18 投資自己？吃間好餐廳吧！

我在選擇餐廳時，不太會依賴雜誌或網路的評價，就算是自己信賴的人推薦，我也一定要「親自去嚐嚐」。因此，我通常不管一般人的評價為何，就算是評價非常高的餐廳，我也一定親自去試一試。

因為，那些評價都不是自己親身體驗而來的。只要沒有親自品嚐過，就不會知道真正的味道是什麼。所以，不管是逛街時偶然看到、或是巷子裡感覺可能會喜歡的餐館等，從高級餐廳到偏遠小酒館，我都會走進店裡吃看看。

這與A級、B級或者米其林餐廳的星星數量，完全無關。我就像《出沒！ADMATIC天國》節目（譯按：介紹日本各式各樣的街道特色之娛樂資訊節目）那樣，一個人地毯式搜索每一個鄉鎮的風土民情。

在我進行「餐館巡禮」時，有五大規則如下：

①吃遍公司附近所有的餐館

有話題性的餐館當然可以去吃吃看。不過，首先要從公司附近的餐館開始。因為公司附近的餐館，除了距離不遠外，如果找到間好餐館，也較容易成為熟客。

只是，在這些餐館吃飯時要小心，千萬不能隨便說公司或上司的壞話……，因為隔牆有耳啊！

②小巷弄裡藏有知名餐廳

愈是講究、堅持某種味道的餐館，就愈會藏在大馬路轉進去的小巷弄裡。看起來愈是破舊的老店，就愈會有讓人印象深刻的招牌菜。愈是讓你感覺「不太會有高級餐廳」的地方，愈可能找到好店。

③當地人常去的老店，非吃不可

每個行業長久經營的共同訣竅，便是——從一開店就與當地居民的生活產生緊密連結。這樣的老店經營，像是淺草地區的洋食館Yoshikami（編按：招牌為「ヨシカミ」，被稱為淺草第一的洋食館）、日式餐館釜飯Mutsumi（編按：招牌為「釜めし むつみ」），也就是鍋燒飯）等，就是這樣的店家。

橫濱山下公園附近一家德國餐館——THE HOF BRAU，是我高中時期就經常吃的餐館。這是一間已經開了將近五十年的老店，是橫濱人都知道的大眾餐館。就連停靠在橫濱港的船員，都經常會到那裡吃飯，還曾經針對船員提供早餐服務。

這裡的知名料理有「Supapiza」，鋪滿肉醬的義大利麵上加一層起司；「驚人豬排咖哩」就是一整團飯裡塞進肉塊，飯上再放上一片豬排、淋上滿滿的咖哩醬汁……。多種口味的獨特菜單，相當難得一見，常常會讓客人驚訝地說：「沒想到連這個也有！」這種平時想不到的食材搭配，也能成為創意的啟發。

④觀察連鎖店、店面地點或是老闆的美感

有機會，一定要多跟老闆聊天。如果可以看出這家店是由什麼樣的人、或哪家公司開的，那就更有趣了。

這樣選，就能選出好餐廳

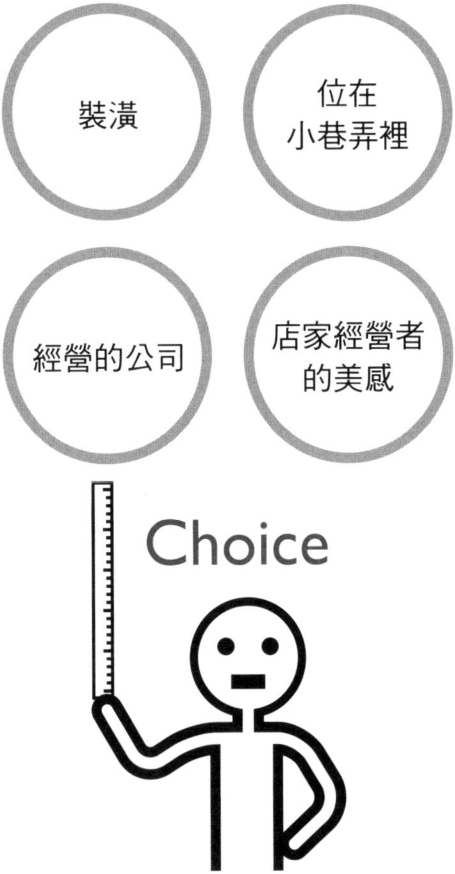

裝潢
位在
小巷弄裡
經營的公司
店家經營者
的美感
Choice

另外，一家好店也會聚集好客戶。以自己的方式分析受歡迎的菜單、裝潢、氣氛等，久而久之，就會歸納出某種法則，就像舒適的咖啡館裡一定有舒服的沙發等規則。這些準則，日後也能成為開餐館時、或是替相關客戶行銷的參考。

⑤自己出錢

上餐館時，不要期待讓公司或別人招待，應該要自己掏腰包，並且不斷發掘新的店家。無論什麼事，如果不是自己出錢學習的話，通常很難學會。但如果是自己出錢的話，就會有「想要細細品味」的心態，覺得心不在焉地吃飯是件很浪費的事。

除了餐廳本身和料理口味之外，要是能再細心觀察、感受的話，就會有更多新的發現。**吃吃喝喝絕對不是浪費的行為。只要好好運用，就會成為投資自己的工具。**

19 成為店裡熟客的方法

當我用各式各樣的方法逛過各種店之後，一旦發現感興趣的店家，就會開始思考「如何成為這家店的熟客」。

到底，該怎麼做才能成為熟客呢？

最簡單的方法，就是常去光顧。我通常會在極短的時間內、一再上門，**一家店至少會去個五至十次**。

在新宿伊勢丹百貨附近，有一家洋食館——豬排AZUMA（編按：招牌為「とんかつ　あずま」），店裡的「多汁豬肉燒」非常好吃。當我還是伊勢丹的員工時，曾經連續四天上門光顧。到了第五天，當我一打開店門時，店員就笑著迎接我。

如果店裡的工作人員會主動對你笑，就代表你已經成功被店家列入「熟面孔」的名單。

當你找到感興趣的店家時，若想讓對方記住你，就要在第一次消費後的兩週內，再去第二次。盡量在短期間內，連續去個三至四次，而且自己出錢消費，經常與老闆聊天。

成為熟面孔之後，中午建議可以點「本日的主廚午餐」，晚上也要盡量上門光顧。

有些消費者可能擔心「主廚套餐」的價格過高、或是食材較差，但其實真正的好店並不會這樣對待熟客。店家會全盤考量食材的庫存狀況後出菜，所以端出來的餐點會比自己單點的還要充實，也會吃到自己平常不會點到的菜色，是非常新奇的嘗試。

堅持照著菜單點菜的人，因為是選擇自己想吃的菜餚、喜好的料理，所以只要能夠滿足他的口味，這家店就會成為他心目中的好店。只是，除此之外的其他條件，可能就不符合他的要求了。

但如果點的是「主廚套餐」的話，就能進一步透過料理來了解廚師的品味，或是店家的待客之道。因此，我認為透過「主廚套餐」，可以更加深入了解這家店是否符合自己的喜好。

可以說，**主廚套餐是建立在顧客與店家之間的信賴關係**。每當客人說「主廚套餐」時，感覺自己與店家的距離就能再縮短一些。因

如何成為店家的熟客

短期間內，連續去個三至四次。

透過「主廚套餐」，
建立自己與店家之間的信賴關係。

此，只要是我中意的餐館，我一定會向老闆要求「主廚套餐」。

當我這麼做之後，久而久之，就能獲得店家免費招待的菜餚，或是提供菜單上沒有的私房料理。如果已經達到這種程度的話，就是完美的熟客了。

接下來，就可以從這裡進入拓展人脈的最後步驟。

20 店家人脈，就是你的多元人脈

光顧各種餐館，在自己真的覺得「好吃」的店裡消費、成為熟客，對我拓展人脈相當有幫助。

現在我經常光顧、也都視我為熟客的店有幾家，例如：位於東京的法國餐館AU GAMIN DE TOKIO、青山的巴斯克料理（編按：巴斯克位於西班牙北部及法國的交界處，以美食聞名，菜式以魚類及海鮮為主）LAUBURU、從世田谷搬到銀座的ARA輝等。其中，只要我到AU GAMIN DE TOKIO用餐，甚至還會依我的需求提供特別服務。

一旦成為店裡的熟客後，就能透過老闆認識同為熟客的熟面孔，繼而認識更多的朋友。就像是我在前文中所提到的攝影師安國先生，就是在某家店裡認識，進而成為意氣相投的朋友。

而且，現在許多一同工作的朋友，也是在餐館相遇的。比方說，當我創立CRUM時，就在某家餐館偶遇某銀行的分行經理，因而得到許多寶貴的意見。

有時，店老闆也會介紹新朋友讓我認識：「這位是○○○律師哦。」之後，有任何法律相關的疑惑，因為結識到可以諮詢的朋友，都能順利獲得解決。甚至，我曾經開口問隔壁桌的客人：「您喜歡哪本書？」而得知一本好書。

好店會聚集好客人。因為都喜歡那家店，所以熟客們在某部分就已經意氣相投。有時候，如果感覺對了，我也會主動與坐在旁邊的客人聊天。我曾在某家酒吧，遇見日本知名女星鈴木京香，非常開心地以一個粉絲的身分與她攀談。其實，這種不知天高地厚的心境也是很重要的。

在商場上認識的人，多少都帶有利害關係。不過，在日常用餐的餐館裡所結交的朋友，就能屏除身分地位，純粹是人與人之間單純的相遇與交流。因此，在和公司或私下完全不同的世界中，意想不到的人際網絡就此自然而然地展開。

我認為，成為一家好餐廳的熟客，就是展開人脈的好方法。可以說，**「店家的人脈」與「我的人脈」是連結在一起的**。

找出一家屬於你的店，不只擴展人脈，也能放鬆心情。

當然，這也考驗著你「察言觀色的能力」。如果對方正開心地用餐，而你卻完全無視現場氣氛、一味地與對方說話，肯定會摧毀這難得的相遇機會。

發現一間好店後，進行良善的溝通、拓展人際關係，是需要經過無數次的練習與經驗，才能看出成果的。

不過，希望大家不要誤以為，只是為了增加人脈而成為店裡熟客，如果真是這樣的話，就太無趣了。當你真心喜歡那家店、經常上門光顧，逐漸熟悉店裡的人事物，在這個過程中，你的人脈自然就會增加。

就我的經驗來看，假設我找了五百家店進行消費，但想成為熟客的店，大約只有十家而已。也就是說，我會想持續消費的店家並不多。正因如此，我在逛街時，就會有意識地尋找餐館，並勇於走進店裡嘗試。只要這麼做，就會吸引命運般的相遇。

用餐時，如果只是花錢而漫不經心地進食，是無法有任何感受、也不會發生什麼有趣的事。若只是為了填飽肚子而心不在焉地吃飯，最終只會換得無趣的人生。

藉由「自己主動發現、採取行動、建立關係、讓關係持續下去」而成為熟客，就會在你意想不到的地方，開展你的人際關係。但你不付出任何行動，人脈當然不會有所累積。

還需特別注意一點：**好的店家，必須具備「讓人放鬆」的功能**。

多年來，我非常喜歡澀谷一家規模很小的卡拉OK酒吧。那是一家可以讓我安心喝酒、歌唱直到天明的小店。我曾經帶我非常尊敬、知名導演北野武先生，一同前往。

此外，在青山的LAUBURU餐廳，我曾經與世界級的汽車設計師、也是工業設計師奧山清行先生一起用餐。奧山先生還主動在餐廳的牆壁上，畫上他所設計的法拉利跑車。

正因為老闆及員工都認識熟客，所以熟客更能安心地帶著重要客人前往。而且，在不用武裝自己的店裡，就能將自我從工作模式切換

成為餐廳熟客，意想不到的收穫

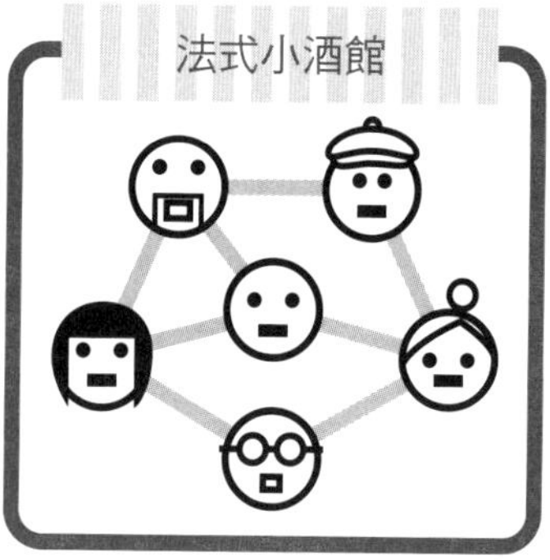

店家的人脈會變成自己的人脈

＋

- 能夠放鬆身心
- 交到不同領域的朋友

到真實的自己，與他人盡情交流。所以，在熟悉的店裡招待朋友時，就如同張開雙手告訴對方：「歡迎來到我的世界」，更快速地拉近雙方的距離。

而且，熟悉的店也是「朋友會去的店」。當你知道隨時都有朋友在那裡，就會讓人感到放鬆、平靜。好酒和美食，除了拉近人與人之間的距離外，當你察覺時，就會發現壓力也跟著消除了。

人生中，有許多精采片段都圍繞在好酒與美食上。為了找到一家熟悉的店，所以我努力花錢經營自己，現在回頭想想，這樣做實在對極了。

21 吃飯時，你打開「五感」了嗎？

就算不是熟客，偶爾回顧一下自己曾經去過的店家，也會幫助自己重新找回原點。像是不久前，我前往東京新宿一家久未光顧的洋食館——BAMBI吃午餐。他們的經典料理BAMBI午餐，有漢堡肉、奶油蟹肉可樂餅、煎白肉魚片以及配菜等，裝得滿滿的食物，卻只要六百八十日圓（約新台幣二百元）。

這個午餐套餐，如同大人版的「兒童餐」，二十七年前我也曾吃過，而且坐在完全相同的位置。當時，是完全沒有人脈、沒有自信，二十三歲的我。

已經擁有廣大人脈、具有滿滿的自信，體重也稍微（應該吧？）增加的五十歲藤卷。在經歷過二十七年歲月，在我面前的餐點和二十七年前有著完全相同的味道。濃厚的口味、濃郁的醬料香味，以及中午用餐時間店裡熱鬧的氛圍。

每次在細細感受時，我就會回想起自己當時的樣貌。那時，為了想穿件較有質感的衣服，還分二十期卡費買了件喀什米爾的毛衣；因為被上司責罵鬧脾氣的我，曾經賭氣睡在新宿的花園神社裡……。

用餐會讓人全力運用五感，所以容易留下記憶。如果重回年輕時曾光顧過的餐館，就會回想起第一次用餐時的情景，以及當時的初衷。自己從何而來、該往何處去？回頭了解自己的原點，就會察覺到自己當初設定的目標與中心思想，早已成為堅定不搖的信念。

正因如此，我才希望各位讀者趁著年輕時體驗各式各樣的餐館，感覺那個空間的氛圍。尤其是許多男性，經常認為「只要吃飽就夠了」，所以午餐總是隨便打發、只求填飽肚子。就算總是三分鐘就吃完的吉野家牛肉丼飯，如果試著一邊吃、一邊感受，應該也會察覺到某些感受才對。

午餐「**隨便解決的人**」與「**用心吃飯的人**」，兩者「**感受能力**」之間的差別，**會隨著歲月的增長而拉開距離**。能夠有意識地運用五感用餐的人，其人脈也會不斷拓展出去。所以，就算是平常工作日的午餐，也別輕忽看待。

藤卷大師的街頭散步地圖

LAUBURU

東京都港區南青山6-8-18
www.lauburu.jp
TEL：+81-3-3498-1314
營業時間：18：00～21：30（最後點餐時間）
公休日：週日
推薦：豬肉燒烤、鄉村肉醬、白豆燉肉是絕品料理。

AU GAMIN DE TOKIO

東京都港區白金5-5-10-2F
TEL：+81-3-3444-4991
營業時間：18：00～23：00（最後點餐時間）
公休日：週日、國定假日
推薦：最喜歡「玉米慕斯」。

BAMBI（四谷店）

東京都新宿區四谷1-3
TEL：+81-3-3355-4658
營業時間：11：00～22：00（最後點餐時間）
公休日：全年無休
推薦：無須遲疑、不用擔心代謝症候群，點「BAMBI午餐」就對了。

Chapter 4

住宅區、公共設施，培養超凡思考力

帶著「為什麼會這樣？」的疑問，上街散步吧。

22 獨特性，來自街頭東張西望

無論在公司或家裡，我們的生活中，充斥著各式各樣的物品。如果我們將每樣東西都視為理所當然地存在，很容易就會「視而不見」。

我認為，每個人都應該正視身邊的事物，但也不需要想得太過複雜。逛街也是一樣，街道上的民宅、公共設施、經常逛的書店等，當你重新**留意那些平常視為理所當然的事物時，就會有許多新的發現**。

逛街時，就是要「四處張望」。就算乍看之下是極為普通的民宅或街景，都可以發現有趣的要素。當你看見讓眼睛為之一亮的東西時，要在腦中想像或思考「為什麼是這樣的顏色？」、「為什麼是這樣的形狀？」。

當你思考「為什麼」時，腦中不會出現任何答案。不過，問題不在於答案正確與否，而在於**思考「為什麼會這樣」這件事，是具有意義的**。

怎麼說呢？

獨特性，來自東張西望、滿肚子疑問

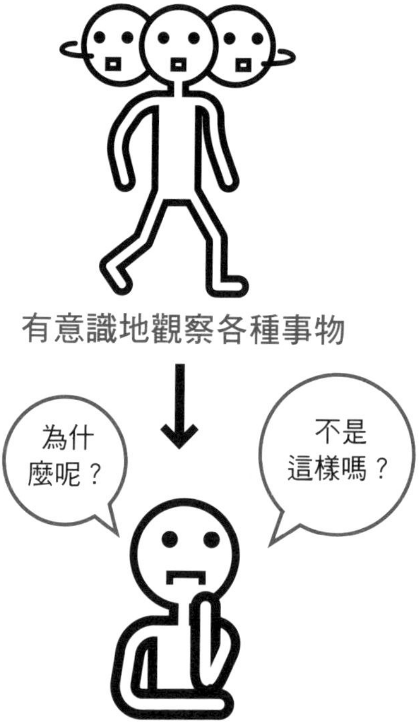

街頭散步時，思考看到的所有事物。

當你思考「為什麼」時，
就能培養自己在腦中提出假設的能力，
同時磨練出創意力。

因為，「思考」會培養自己在腦中提出**假設的能力**，同時磨練出**創意力**。所以，我反而不會把焦點放在眾所矚目的奇特物品上，而會睜大眼睛觀察平淡無奇的住宅，或是乍看之下毫無任何特色的東西。

透過觀察或思考一般人經常忽略的東西，就會帶來許多發現，和他人不一樣的「獨特性」就是這樣產生的。

小學老師經常叮囑小朋友：「不要東張西望！」不過，我卻認為「東張西望最棒了，東張西望萬歲！」

希望大家在街頭散步時，盡量東張西望。看到任何物品都要停下腳步，稍微思考一下「為什麼」。

23 無趣的公共設施，藏著有趣思考

自從江戶時代（西元一六〇三至一八六八年）開始，淺草就是一般平民聚集的地區，也是文化的發源地。即使到了現在，當地還殘留著江戶時代的痕跡，街上仍有許多工藝師傳繼承了傳統，將那個講究生活品味的工藝流傳至今。

淺草有一家由政府設立、專門介紹各種工藝品的「江戶下町傳統工藝館」。館內介紹了各種工藝技術，是從江戶時代就開始在庶民文化中流傳至今的，例如羽子板（編按：日本傳統中長方形有花樣的木板，分為比賽用和裝飾藝術用）、園藝用剪刀、毛刷、茶杯等。

館內陳設的數量，光是經常展示的物品就約有五十種、四百多件。各種工藝技術之精密，令人驚訝。我們能從這些與生活緊密連結的傳統或產業中，學到很多東西，也相當有趣。

內行人都知道，其實**「公共設施」是具有深度的空間，藏著各種令人意想不到的驚喜。**

其中最經典的，首推位於橫濱絲綢博物館的地下街——英國一番街，在購物商場中，我最喜歡的店家是「濱族」。這家店帶給我許久未有的驚豔及狂熱，非常具有深度。

店裡擺滿了從世界各國進口的商品，乍看會讓人感覺複雜且凌亂，但從時尚到骨董，種類繁多又具有質感。而且，定價更是優惠到令人不可置信。

英國進口的喀什米爾女用披肩，定價五千日圓（當下，我立刻入手）；手工編製的麻花紋毛衣，也賣得非常便宜。具有設計感的裝飾品、復古電話、骨董書架或是腹語娃娃查理（編按：查理娃娃為美國腹話大師伯根〔Edgar Bergen〕的演出搭檔）等。就算不是收藏家，一般消費者看到這些有趣的物品及便宜的價格，都會心動。

店裡銷售的商品及特色雖各有不同，但奇妙的是，只要待在那個環境，就可隱約感覺出某種程度的一致性。而這樣的一致性，醞釀出奇妙的世界觀。在店裡仔細觀看、尋寶的話，常會發覺怎麼一個小時的時間，不知不覺就過去了。在這裡感受到的樂趣，是百貨公司等賣

找個無聊的公共設施，以經營者的角度，想想你會怎麼做？

場體會不到的，更是一個可以享受購物精髓的好地方。

我在橫濱住了四十年，卻是最近才知道這間有趣的店。很遺憾地，這是「內行人才知道」的好地方。

我想，這跟它座落在公共設施——博物館中有關。雖然，公共設施是大家都能夠自由進出的場所，但因為建築物平淡乏味或是宣傳廣告不足，而容易被一般人忽視。

橫濱的產業貿易中心，也是如此。就某種意義來說，這裡應該是橫濱的觀光據點，但卻完全感受不到屬於橫濱的味道。

雖然，貿易中心裡有橫濱推薦的精品空間、元町古典家具DANIEL的商品（編按：DANIEL是具有悠久歷史的家具製作商，本店位在橫濱元町），以及美味的在地啤酒等，可惜這裡的空間設計無法吸引人慢慢探索、自在地停留，實在令人感到遺憾。

其中，最引人注目的樓層，卻用來展示名刀；明明有這麼好的空間，卻不用來介紹橫濱。每當逛到這裡時，我都覺得應該多想想使用方法才行，也藉此事窺見行政組織內部的問題。

再次建議大家，不妨特意到沒有什麼人會逛的公共設施走走。睜大眼睛觀察，是不是販賣著什麼有趣的東西，同時以經營者的角度思考，「該擬定什麼樣的企劃或宣傳，才能夠活化這個設施？」

愈是「無趣」的地方，愈能夠鍛鍊你的思考能力。

24 走進連鎖餐飲店，思考定價、商品價值

當我還在伊勢丹百貨擔任業務時，一整天都要站在專櫃前招呼客人，有時連吃飯的時間都沒有。

工作忙碌時，我幾乎都是在立食蕎麥麵餐館——富士蕎麥麵裡吃午餐。如果時間不夠的話，我還得硬是將熱騰騰的蕎麥麵往嘴裡塞，雖然克服了自己怕吃熱食的問題，吃東西的速度也跟著變快；但另一方面，我因此變胖了不少。

除了富士蕎麥麵外，我也常去吉野家、CoCo壹番屋、王將餃子等所謂的連鎖餐飲店用餐。

有一次，我到一家全國連鎖的知名拉麵店用餐。點了一份約一千日圓的套餐，內容有拉麵、魚鬆飯和煎餃等。可是，實在很難吃。又有一次，我到西麻布的北京餐館——北海園吃擔擔麵，不但美味，價格也才九百五十日圓。差不多的價錢，這次卻讓我吃到這麼好吃的一頓飯，我感動得和老闆娘說了好幾聲：「謝謝。」

連鎖店，是能讓消費者清楚感受到「商品價值」的地方之一。

如果你走進咖哩連鎖店，那麼你應該思考「六百日圓能讓我吃到多好吃的咖哩」，而不是「因為便宜、而且常吃」的理由，才選擇那家店。

同樣的花費，能夠找到多好吃的食物，這才是能力的考驗。

綜合「物品本身擁有的價值」、「自己的需求」，以及「物品的實際價格」等因素考量後，如果判定「合格」，就可以立刻掏出錢包買單。

這樣想想，或許我在本質上根本就是個「小氣鬼」。不過，花錢與否無關小氣，我是以質疑的態度來評量「這項東西的價格是否符合它的價值？」單從這點來看，我想自己確實屬於精打細算的人。

我認為，這就是愈來愈受到市場重視的「個人消費體驗」觀點。由於生活模式多樣化，流通業現在重視的方向已經從「顧客」（Customer）轉往「個人」（Personal）。

因為從事銷售端的職業，自開始工作以來，我就一直提醒自己要以「個人消費」的觀點來看待商品。自己掏腰包上餐館用餐，也是我的做法之一。

如果沒有親自消費，就無法了解金錢的價值。

不要因為只是連鎖店，就覺得不在乎。**看看菜單、親自吃吃看，然後試著思考這頓飯的價值**。這麼一來，我相信你看待事物的角度一定會有所改變。

房子外牆，激發包包設計的創意 25

有時，我會在住宅區裡隨意亂逛。一邊散步時，一邊想著這戶人家不知道有哪些人？房租大約會是多少？會不會很難租到呢？甚至，偶遇路過的行人或是剛從民宅出來的住戶，我也會主動向前打招呼：「不好意思，請問一下這邊的租金行情大約是多少呢？」

另外，看看路上仲介公司的廣告也是很有趣的。橫濱一帶近十坪的房子，一個月的租金大約要八萬日圓（約新台幣二萬四千元）。就算是相同條件的物件，要是在世田谷的話，或許要十五萬日圓（約新台幣四萬五千元）；但要是在青山的骨董大道上的話，一坪就要四萬至五萬日圓……。像這樣，只要比較現在散步的區域與其他地方，就會非常清楚當地實際的經濟狀況。

逛街時，如果突然有人問你：「現在，在你左邊的房子是什麼顏色？」應該沒有人答得出來吧！不過，我有自信能夠回答出正確答案。為什麼呢？因為我比別人多花一倍的心力在「東張西望」。

從旁人的眼光來看，這樣的行為或許十分可疑，也曾經有人問我：「像你這樣一邊走路、一邊東張西望，難道不累嗎？」其實，真的一點都不累，因為我是在**探索有趣的事物**，因此能夠樂在其中，非常開心。

舉例來說，某次，我抬頭看到天上雲朵的形狀就像一隻炭烤烏賊，讓我連想到文字燒。念頭一轉，想到文字燒，當然還是東京都中央區月島的最好吃……。對了，最近都沒有去月島走走……。於是，我當下就決定那天晚上要去月島吃文字燒，一整天都非常期待晚餐時間的到來。

在橫濱住宅區散步時，我曾看到一戶人家的外牆是綠底加上白色線條，看到第一眼就覺得配色非常漂亮。讓我想到，是不是可以在綠色的背包上，加上白色縫線的設計。就這樣，一個創意誕生了。

只是**走在沒有什麼特殊景觀的住宅區裡，也能觀察到租金、房價等現實世界中的數字**。而且，在住宅區發現的東西，也能激發靈感。其實，平常我們走過的許多地方，都藏著能夠培養思考能力的素材。

26 你留意過馬路上的車款嗎？

我曾在接受豐田汽車行銷負責人的訪問時，被問到一個問題：「藤卷先生，您從以前就提倡『開發節能跑車』，這是為什麼呢？」

的確，我曾經有過這樣的提議。原因在於，創造日本經濟奇蹟的嬰兒潮世代已屆退休之年，一般來說，這些人擁有廣泛的興趣。不但擁有某種程度上的經濟與時間的自由，也願意把金錢與時間花在享受人生上。

而且，現在六十歲的退休族還算年輕。同樣是節能車款，說不定他們就是不想買多功能休旅車。他們這個世代經歷過汽車普及化，或許在青春時期也曾憧憬跑車。既然如此，如果市場上能推出節能跑車的話，便能投其所好。

許多六十多歲的銀髮族也想要耍帥，若只能選擇COROLLA（編按：豐田家庭房車車款，強調實用及低油耗），感覺又有點委屈。當我思考著要讓這群人能有更帥氣的車款選擇時，腦中浮現「如果具有節能又安心的跑車，或許很新鮮……。」而一出現這樣的假設，我的建議與預測便更具體了。

如果帶著觀察力出門逛街，我相信你就會明白我的想法。

假設你在高速公路時，突然察覺周遭的車都是豐田的Prius（譯按：一九九七年，豐田推出世界上第一款的混合動力車款），這時你就會了解它有多受歡迎。以往，「節能」只不過是一項資訊而已，但這時你就能夠確實感受到——節能已經是這個時代的關鍵字。

坦白說，我認為行銷根本沒有存在的必要。行銷策略中非常重視的「四個P」——Product（產品）、Price（價格）、Place（通路）、Promotion（促銷），對我來說根本沒有考慮的必要。

我甚至覺得「別管四P了！」**與其面對電腦裡的數據資料，我更希望大家多出去走走。**尤其是擔任企業行銷或產品研發人員，更應該走出辦公室、多看看才對。**逛街，才是最好的市場調查。**

逛街實用小物 04

放台數位相機吧

逛街時，一旦發現感興趣的事物，我就會馬上拍下來。不管是那天遇到的人、商店的招牌或是行道樹……。拍下的照片，不僅馬上可以秀給別人看，有時也可以成為工作上使用的資料。

除此之外，最重要的是當我把照片展示給別人看的時候，我也與對方共享了當時的樂趣與驚喜。由於我經常隨身攜帶、使用數位相機，所以購入這台相機是非常值得的投資。

最近，我開始使用奧林巴斯（Olympus）的小型數位單眼相機——PEN，這台相機的外型採用底片機的復古設計與觸感，相當深得我的喜愛。

27 創意大師的逛書店三步驟

經常有人稱我為「採購達人」、「帥氣採購」，不過，如果到過我家後，這樣的印象就會完全被顛覆了。

再怎麼奉承，恐怕也難以稱讚我家是乾淨漂亮的。我的臥室裡，推放著大量書籍，所以每次睡覺時，只能蜷縮在一個小空間。但一到年底，我還是會大量購書，以便能在休假期間閱讀，結果造成我的房間更為壅塞。

床頭櫃上，我一定會放本日本著名儒學家——佐藤一齋所寫的《言志四錄》。每天隨意地翻閱，一字一句仔細研讀後才入眠。

除了儒家等思想系列的書籍外，我也經常閱讀科幻小說或推理小說。像是以撒．艾西莫夫（Isaac Asimov，二十世紀最著名的科幻小說家）的著作，我幾乎都讀過。我認為，現在這類型的書籍之所以不暢銷，是因為人們沒有閒情逸致去做夢，或是對未來毫無幻想的緣故。

現在，有不少人會在亞馬遜等網路書店買書。不過，至今我仍喜歡在實體店面購書。因為，比起在網路書店上搜尋書單，親自走進書店裡，更容易被各種不同的「關鍵字」吸引。

尋找書籍時，要在腦中謹記「關鍵字」。例如，看了電影《教父》（*The Godfather*）之後，逛書店時，就以電影主題「兄弟情誼」作為關鍵字來找書。我覺得，像這樣以關鍵字作為搜尋目標逛書店的話，找到好書的機率就會提高。

每個星期，我至少逛書店三次，但沒有特別習慣去的店家。我會依據當天工作空檔、或是前往可能有我想要的書單的書店。

逛書店，我會分為三個階段：

首先，我會**先逛雜誌區**。先瀏覽架上男性、女性、商業、生活到經濟等雜誌的封面、特刊或是關鍵字等，掌握現在的流行趨勢。

再來，前往商業書籍專區。觀察一下平台上堆疊的新書或是暢銷書，就可以檢視現在的上班族，對於什麼樣的關鍵字會感興趣或覺得好奇。前面二個階段，都是為了快速了解目前的市場狀況。

接著，就是到已出版的精裝書專區。這裡會以古典經濟學或社會學為主，我會在這區慢慢地翻閱，一一細看。UNIQLO會長柳井正先生在接受雜誌訪問時，曾經說過：「最喜歡讀彼得・杜拉克（Peter Drucker）的書。」結果在彼得・杜拉克的出版品廣告上，就大大地寫著「柳井會長的最愛！」每當看到這樣的文宣廣告，都讓我覺得非常有趣。

其實，我個人不太看所謂的暢銷書，因為那樣的閱讀體驗會跟別人一樣。有時，不管別人介紹某本書的內容如何，我還是會故意去找一些一般人不會看的書，例如一向賣不好的古典書籍等。或許，我的個性就是喜歡故意唱反調。

許多時候，無意中在書店一角發現一本意料之外的書，反而經常為人生帶來極大的影響。我想，這就是逛實體書店才會發生的相遇。

藤卷大師的街頭散步地圖

江戶下町傳統工藝館

東京都台東區淺草2-22-13
TEL：+81-3-3842-1990
營業時間：10：00～20：00
公休日：無
備註：免費參觀。

濱族

神奈川縣橫濱市中區山下町壹番地
橫濱Silk Center M1樓
TEL：+81-45-212-2824
營業時間：11：00～18：00
公休日：週三

Chapter 5

不起眼老店、捷運裡……練出高超的發現力

先以「鷹眼」的高度探尋，
再以「蟲眼」的方式靠近、
仔細觀察。

28 重回孩童時期的「發現力」

當我在Seven & I集團上班時，曾經巡視伊藤榮堂的各家分店。有一次，我發現某分店的冷氣機上堆滿了灰塵。因為位置相當高，幾乎沒有人發現，但是我一眼就看到了。

這麼說起來，好像我跟連續劇中的婆家小姑一樣可怕……，但我只是察覺別人不太會注意到的地方而已。周遭朋友也常常對我說：「你怎麼都會看到我們看不到的地方。」

不過，以我的觀點來說，我認為**多數人不是沒看到，只是「視而不見」而已**。所謂「沒有發現」，是因為沒有用心去覺察。只要**有意識且夠用心**，就會看到許多平常沒有注意到的事物。

我想，每個人在自己孩童時期，應該都很容易發現許多小地方及有趣的事物吧。無奈隨著年紀增長，受到既定觀念的影響愈多，「發現」的能力就愈加衰退。

而培養「發現能力」最好的方法，就是逛街。利用逛街專心探索的話，就會提高發現能力與覺察能力。

29 老店裡的新創意

二〇〇九年底，我在六本木大道上一家老藥局的角落裡，無意中發現了一件令人驚奇的好東西。那家老藥局，就位在離我西麻布辦公室約十分鐘的路程而已。當我一看到它，就毫不遲疑地拿到櫃台、直接結帳。

我買到的是……白金懷爐，二千八百日圓（約新台幣八百四十元）！

提到懷爐，一般人比較熟悉的，就是日本生產日常用品──白元公司販售的暖暖包，非常方便、用完即丟。不過，在暖暖包還沒生產的年代，隨身攜帶的取暖用品就是白金懷爐。它是由白金公司生產的取暖用品，使用的燃料是汽化油。汽化油汽化後與白金產生催化作用而發熱，保溫時效最長可達二十四小時。

據說，其熱量是用完即丟的暖暖包的十三倍。由於燃料可以一再添加，所以能重複使用。不僅合乎經濟效益，也不會製造垃圾。這種產品，聽說最受登山客的喜愛。

根據白金公司的網站描述，該產品於一九二三年上市，「八十年來受到消費者的支持愛用，成為全球長銷產品」。

小時候，這種白金懷爐可說是高級用品呢。近年來因為環保意識抬頭，為了保護地球環境，使得白金懷爐重新受到重視。但在市面上，我卻不曾見過哪家商店在販售。沒想到某一天，就在不經意的老商店裡發現到它。再度相遇那個埋藏在記憶中、令人懷念的物品，頓時我的內心被觸動了。

因為實在太懷念了，我還不斷追問著藥局老太太：「怎麼現在還有出這種產品啊！」、「這要怎麼使用呢？」對方一定覺得這個客人很奇怪。

「我已經有一年的時間沒賣出這個東西囉！」老太太還是耐心地回答我。

一入手後，我就決定把它當成冬天出門散步時的必備品。一回到辦公室，我馬上秀出來給同事們看。果不其然，大家都非常感興趣地詢問：「這是什麼東西啊？」

之後，每當有客人拜訪，我都會展示給他們瞧瞧。有九成的人，都是第一次見到這個東西，會新奇地拿在手上把玩。沒想到，一個白金懷爐還能炒熱氣氛，為每個客人提供完美的驚喜。

我仔仔細細地檢視過它。首先，包裝盒上印著滿臉笑容的「老爺爺」，呈現出昭和年代（一九二六至一九八九年）的懷舊風格。打開盒子後，看到銀色的懷爐，大小比Zippo打火機（編按：由美國Zippo公司製造的金屬打火機，具有收藏價值，尺寸約長六公分、寬四公分）還大上一號，並額外附有紅色格子花樣的布袋。

這個彷彿在時代中被遺忘的商品，但在詳細翻看後，發現大小幾乎與現代電子產品iPhone差不多，形狀也頗為類似。跟用完即丟的暖暖包相比，重量稍重一些。不過，在拿慣iPod、iPhone的世代手裡，或許會意外地受到歡迎也說不一定。

而且，在寒冷的日子裡，從夾克內袋拿出這個懷爐，感覺很有品味。不過，附贈的布袋就算我客氣地評斷，也很難開口說好看。我覺得可以像Ponpindo公司（編按：將傳統風格結合現代設計的布製用品店。商品樣式可見以下網址：http://www.ponpindo.com/products/），使用日本傳統布料──會津木棉製成的守護袋一樣。

若是多加使用在地的傳統布料，就會成為設計與功能兼備，相當具有品味的商品……。沒想到，**老店裡的意外發現，也能產生嶄新的創意**。

30 不起眼的店，要更有好奇心

最近，我找到一支非常喜歡的腕錶。極具質感的金屬錶帶，配上海軍藍的錶面設計。帶有陽剛味的重量感設計，深得我的喜愛。

而且經常有人問我：「這支錶是不是『歐米茄（OMEGA）的Speedmaster』？」其實不是。通常我會接著反問：「你覺得這支錶要多少錢？」答案有十萬、二十萬、五十萬……，都不對。

正確答案是……兩萬一千日圓（約新台幣六千三百元）。

這支手錶其實是日本鐘錶廠商——東方錶（Orient）的產品，他是精工愛普生（Seiko Epson，主要生產印表機、掃描器和手錶、桌上型電腦）的子公司。商品從潛水錶款到奢華錶款，各種系列的錶款都有。

對我來說，這是非常具有價格競爭力的錶款。雖然每天要上發條，但是時間準確、富有設計感，而且還是日本製的。這樣的手錶只賣兩萬日圓，真的非常划算。

如果是國外鐘錶公司生產的類似錶款，可能就要賣三十萬日圓，甚至有些還要一百萬日圓。與其買國外的名牌手錶，我認為買兩萬日圓的在地品牌更好。

這支錶，是在大阪的一家鐘錶行裡買到的。鐘錶行座落於城裡熱鬧的商業區，看起來舊舊的。不只店面不太簡潔美觀，店內擺設也亂七八糟，乍看之下，會感覺時光彷彿在那裡靜止了。

當時，我剛好想買一支平常可以配戴的手錶。沒有指定的品牌，就算不是在舊商業區的老鐘錶行裡買也沒關係。

不過，那家店散發出一種「奇特的味道」，感覺裡面會藏著什麼有趣的商品。所以，我的好奇心瞬間被點燃。

我坦率地順著被燃起的好奇心行動，通常這種時候，我一定能發現別人找不到、又能成為眾人話題的商品。果不其然，我找到那隻物超所值的手錶。

當我回到辦公室，立刻上網查詢有關東方錶的資訊。他們的商品項目十分有趣，於是我又開始動起腦筋，「或許藤卷商店也可以考慮進貨……」。

逛逛平常不感興趣的商店，找到新發現

試著去逛平常只會經過、
毫無興趣的商店。

↓

DISCOVERY!!

白金懷爐　　東方錶

一定會有新發現！

由於行動電話的普及，愈來愈多人不習慣戴手錶。一旦要買，有不少人就會先以昂貴的國外品牌為首選，不過，我非常想大聲疾呼：「可多考慮東方錶的產品。」

那時，我的身分是一家公司的社長，經常上電視或接受雜誌專訪。以一般人的想法，或許會覺得我「應該想買隻昂貴的手錶吧？」不過，我認為真正好的手錶，最重要的不是價格，而是我配載的這種——實用又有好品質。

所以，不要死守著「先入為主」的觀念，**平常不會進去逛的店，抱著好奇心多進去看看**。如此一來，或許就會找到適合自己風格或價值觀等意想不到的物品，並且享受這種相遇的樂趣。

31 鷹眼＋蟲眼，命中率高一倍

要提高個人的覺察力，並不需出遠門尋找。只要在平常活動範圍內，走進總是視而不見、快步經過的老店裡，查看被灰塵覆蓋的商品架上，或許就會有意外的發現。就像我前文提到的白金懷爐那般。

不管是什麼樣的店，我總是會來回巡視每個商品架。正因為是老店鋪，才有可能發現有趣的東西，而不是抱著「那家店又舊又髒，根本不用進去逛」的想法。

在這樣的老店，你會找到在超商買不到的長銷型商品。或者說，你會在這樣的老店裡，發現許多生活必需、一旦缺少就會感到「寂寞」的物品。所以，無論如何，進去看看吧。

不過，同樣是老店，還是有千差萬別。分辨一家好的老店，沒有什麼特殊的訣竅，純粹是由經驗來判斷。

若是要具體說出訣竅的話，就是不要選擇那種故意塑造出老店風格的店家，而要選擇「真正」有點年代的老店。像是與街道風格合而為一的老店，或是沒有把錢花在裝飾店面上、而是用心在商品上的店

鷹眼＋蟲眼，找尋有趣的商品

以「鷹眼」的俯瞰高度，
宏觀店面的整體外觀。

↓

以「蟲眼」的微觀角度，
仔細搜尋每個商品架。

家。以這樣的角度來尋找，「命中率」就會很高。

找尋老店時，最重要的，就是**以「鷹眼」與「蟲眼」來觀察**。

首先，必須**和店家隔著一段距離**，以「鷹眼」的高度、宏觀店面外觀，判斷這家店能不能有新的發現。

進入店內後，就要以「蟲眼」的複眼角度細觀，**從頭到尾、仔細來回觀察架上的商品**。就像我發現東方錶時，還因為老闆的好眼光而深受感動。

對我來說，就算店面看起來不起眼，但只要陳列架上有一件商品是有趣的，我就認為這是間合格的商店。千萬不要只以外觀判斷，多善用「鷹眼」與「蟲眼」培養發現的能力。

32 有「發現」，才能提出「假設」

提升「發現能力」，除了有助察覺各式各樣的東西外，也能延伸應用在其他方面。比方說，其中一個面向就是「學會建立假設」。而工作上，「假設能力」是非常重要的。

我曾在某個工作場合，遇到一位設計師。雖然是第一次見面，但我還是直接問他：「您是否比較喜歡具有歐洲風格的物品？」對方反問我：「您是怎麼知道的？」因而順利展開對話，進一步聊到工作相關的事情。

為什麼我會知道他喜歡哪種風格的物品呢？其實很簡單，因為他穿的衣服顏色不僅具有歐洲風格，就連佩戴的飾品也一樣。

同樣的例子，我遇過某位成功的商業人士，他身穿義大利製的西裝，看起來相當帥氣。不過，和他商談事情時，卻發現他使用的原子筆竟是百圓商店裡的商品。

那瞬間，我開始思考種種可能性：搞不好他是個非常注重穿著，卻不在意文具品質的人；也或許他是個經常掉筆的人；更或者他只有在工作時使用便宜原子筆，但寫信時卻使用高級鋼筆；也有可能他其實是個非常熱衷蒐集原子筆的人……。

不管是服裝，還是個人使用物品，每個人一定都有自己的理由，才會將那些物品穿戴在自己身上。講究的人，有他講究的理由；不在意的人，也有他不在意的說法。因此，我會**從對方身上穿的衣服、使用的物品、說話方式、思考的邏輯等，「發覺」對方特徵。試著從這些線索，進一步建立自己對對方的各種假設。**

等到建立假設之後，我就會開口提問、讓對方知道。其實，最重要的**關鍵不在於假設是否正確，而是「建立假設，讓對方知道」**這件事。如果你用假設作為提問，對方必定會回覆你。若只是用「謝謝您的照顧」這類客套話，來做商場上的溝通，不僅對話過程不會熱絡，可能也很難達成交易。

若要將「發現能力」和「假設能力」換個說法的話，其實就是**引發能力——引發對方原本的自我**。而且，若不全力運用「五感」，就無

發現線索、提出假設，產生有趣的對話

1 發現對方特徵，建立假設。

2 告訴對方自己的假設！

3 產生有趣的對話，提升印象。

法發揮出來。

這種能力，並不是只有從事諮詢或訪談等工作才需要，而是**職場上基本的工作能力**。如果無法從對方身上得知任何「獨特的資訊」，就無法提高印象，想要談成交易就難上加難。

想要磨練發現能力、假設能力、引發能力，就得靠街頭散步了。特別是要去那些看起來又舊又髒，平常你根本不會想進去的店。在這樣的店裡，你會提高覺察、發現各式各樣的物品。而透過這樣的訓練，你的感官就會愈來愈敏銳。

一旦有了新發現，就要開始在腦海中建立假設狀況。如果能培養這樣的能力，相信對你的人際溝通、工作表現一定有所幫助。

逛街實用小物 05

準備筆和明信片

我常常寫信，希望透過手寫文字，將心情如實傳達給對方，而不是透過電子郵件。所以逛街時，我一定會隨身攜帶兩件物品——明信片和筆。

明信片，我會去東京銀座專賣西畫材料的老店——月光莊畫材店購買，它的明信片設計充滿了幽默感。

近年來，我開始使用專業工藝達人——星野增太郎、以傳統工法製作的信封及信紙。我認為，在以手工仔細製成的紙上所書寫的文字，更能傳達出寫信者的想法。

所以別忘了，明信片和信紙也是一種溝通的形式喔。

33 百圓商店裡的新樂趣

只要在原宿車站下車，我一定會去逛竹下通（編按：行人專用街道，以潮流服裝聞名）。而且，我一定會去百圓商店——大創（編按：DAISO，以商品均一價的零售公司，臺灣主打全館商品均一價三十九元）買東西。

其實，我常去逛百圓商店。只要一到原宿，我一定會特意繞過去逛逛大創百貨。這裡的賣場約有三百坪，除了食、衣、住、行等用品外，還有休閒活動、婚喪喜慶等日用品。商品十分齊全，幾乎要什麼有什麼。

百圓商店是非常適合培養「蟲眼」的地方。每次在逛時，我都會以「蟲眼」的角度仔細觀察各個區域。

而且，有一種商品我每次都會買，那就是魔術道具。從喝酒聚餐到談生意的場合，我經常會展露魔術娛樂友人、熱絡氣氛，讓他們放鬆心情，這些道具幾乎都是在百圓商店裡買來的。

這樣的習慣，是幾年前我無意中走進百圓商店，逛遍各個角落、尋找商品時，突然間被魔術道具的卡片所吸引。

一入手、回到辦公室後，我馬上展露給同事看，現場氣氛馬上變得輕鬆不少。

沒想到，這樣的雕蟲小技可以那麼受歡迎。於是，遇到來洽談公事的人，我也會適當地表演，放鬆大家的情緒。

對我來說，百圓商店的魔術道具已經成為忘年會（編按：類似臺灣的尾牙，以宴會形式在居酒屋舉行，大家喝著酒、相互勉勵並回顧過去一年）的必備項目了。

話雖如此，但如果被看穿手法，馬上就會變得毫無樂趣，這是最可惜的地方。不過，只要到百圓商店花一百日圓，馬上就能買到新的魔術道具了。

因此，我在百圓商店裡找的，多半是能娛樂他人、讓客人看到瞬間會「噗哧」笑出來的東西，像是魔術道具或是餐會時使用的彩帶等。這些物品，都是我在執行人生兩大主題——溝通與待客時，不可或缺的道具。

只要花一百日圓（約新台幣三十元）就能買到，我相信一般人一定買得起。如果能試著在百圓商店裡，以「蟲眼」的角度、尋找可以娛樂他人的商品，一定會發現令人感動的東西。

下次，請不要只是在百圓商店裡添購日常用品，一定要在店裡享受「發現」的樂趣。

34 搭捷運、坐電車，放下手機吧！

對我來說，搭電車通勤的時間就是蒐集資訊最好的時候。不過，我並不是透過看報紙、用手機玩遊戲或是收發電子郵件等方式蒐集，而是跟逛街一樣，不時地東張西望。

首先，我會觀察車內乘客的服裝打扮，這樣一來，就能了解不同性別和不同年齡層的流行趨勢。就算不用看雜誌，只要觀察年輕上班族的服裝或背包，就能大致掌握男性服飾的流行現況。

另外，看看車窗外的風景也非常有趣。光是看車站周邊的發展景象，以及街道上來來往往的行人數量，就可以了解這個城鎮的繁華與否，同時看出時代的潮流與趨勢。

還有一個地方不能遺漏，那就是車廂內的吊環廣告。尤其是，宣傳時尚雜誌的廣告更要細細檢視。

吊環廣告，有助你在短時間內讀取趨勢或時代潮流，是非常重要的資訊來源。從廣告用色，就能了解現今的時代氛圍是屬於明亮的氣氛、還是陰暗的。透過大量廣告較常使用的配色，可以感覺「這一季好像比較流行白色」，進而掌握流行傾向。或是，「最近似乎常看到這位模特兒」，就能明白模特兒或藝人的人氣指數。

如果，**採用不知名模特兒或是動物的廣告明顯變多的話，可以推測當前景氣正在衰退。**相反地，**若廣告看起來較為華麗，可以推測景氣正逐漸回溫中**。

要是某種行業或領域的吊環廣告增加了，就可知道「這個行業現在很賺錢」。吊環廣告中若出現你在意的用語或是不知道的單字，一定要上網查清楚。

依據**電車路線的不同，乘客呈現的氛圍也不一樣**。可能是上班族或主婦較多的路線，也可能是乘客逐漸增多或是逐漸減少的車站。如果車廂內打盹的人較多，可以想像他們的房子都是買在離公司較遠的地方。也就是說，這附近的房屋價格應該不會太高……，像這樣，大約就可推知當地房地產狀況。

只要用心，電車內絕對是最能獲取各種資訊的地方。

在電車內蒐集資訊吧！

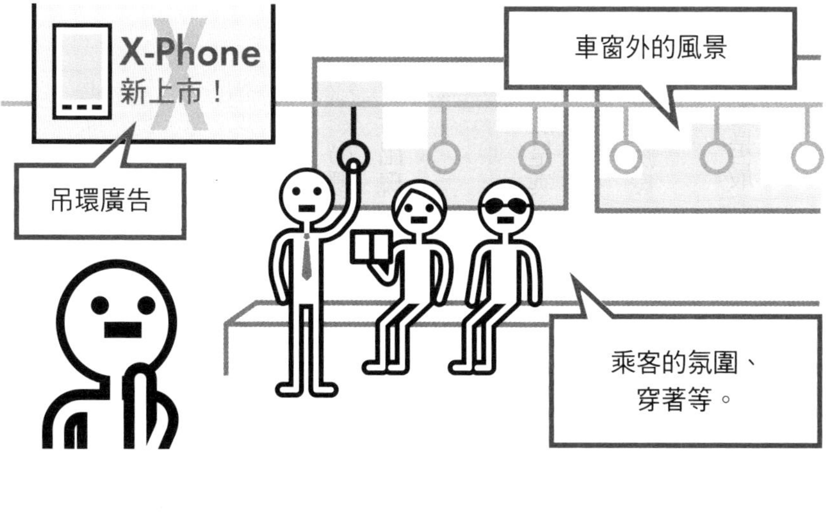

觀察車內乘客的服裝打扮、窗外的風景以及廣告，
就能看出流行趨勢、分析區域發展，還有景氣預測等資訊。

蒐集第一手資訊，就在每天通勤的**大眾交通工具**上。

但也因為我總在電車裡東張西望，這樣不穩重的行為經常讓別人覺得可疑。令人意外地，我在車內居然找不到和我一樣、到處東張西望的人。放眼望去，都是低頭盯著手機看、閉眼休息或是因疲倦而睡著的乘客。

可是，這樣是無法鍛鍊「發現能力」的。如果沒有新發現的刺激，感性就會變得遲鈍，難以產生任何新鮮的想法。

有人說：「適當的噪音，有助大腦活絡。」所以，搭電車時我的腦中總是不時浮現出創意，例如想出文案、店名、商品名稱，或是其他更好的點子。我認為原因之一，便是我們的潛意識正在與社會進行溝通。

沒錯，**電車正是我們能與社會進行溝通的場所**。若只是用手機收發電子郵件或玩遊戲的話，真的太可惜了。正因為大眾交通工具，是我們能夠與社會溝通的場所，所以更應該抱持著街頭散步的心態與角度，盡情地觀察。

當然可以把握通車中的些許時間休息。不過，還是希望大家要試著常常東張西望。

電車與搜尋網路不同，前者才是獲得各種第一手資訊的空間。此外，與街頭散步相比，大眾交通工具更能輕易看見世間百態。只要你抱持這樣的想法，搭電車也會變得很有趣。

所以，以後若在電車上看到東張西望的人，很可能那個人正在進行「電車內市場調查」，請大家讓他繼續完成任務吧。

35 雜貨小店裡的世界級大師

位於東京的谷根千地區（編按：谷中、根津、千駄木的總稱，保有懷舊風情，非常適合散步），現在非常受歡迎。谷根千涵蓋了文京區、台東區的谷中、根津以及千駄木，是個充滿著舊城風情的地區。

每每來到這裡，內心就會充滿期待，不知會不會在這裡發現別處找不到的好東西。而且，街頭本身就散發著這樣的氛圍。事實上，這個區域很小，卻聚集了許多品味高尚的精品店，以及製作工藝品的手創商店。

在谷中銀座買個大判燒（譯按：即為臺灣常見的紅豆餅），一邊吃著、一邊鑽進狹小的舊街道，就會看到靜悄悄地佇立在谷中二丁目住宅巷弄裡的精品店——classico。

店裡整齊排列著傳統藝品等骨董、創作者或老師傅的手作商品、生活用品以及休閒服等。以及整排的格紋襯衫、橫紋套衫等中性服飾，都是我最喜歡的基本款。另外，還有專營工作服品牌——YARMO的褪色處理亞麻製品，以及刷具專賣店——江戶屋的牙刷等。從店內商品的陳列，充分顯現出老闆的風格以及其生活方式。光是走進這家店，就讓人覺得很開心。

從這家店再往前走不遠處，有一棟建築物的全白牆面吸引了我的目光。

雖然店面很小，但是氣氛很好，我有預感自己「來對了」。果然，店內陳列的皮製小物有背包、皮夾、名片夾等商品。每種製品都是由皮革與多彩的縫線組合而成，非常有品味。

這家店專門販賣手工製的皮夾與皮包，店名是Leprotto。顧客可以選擇自己喜歡的皮革與縫線，組合喜歡的顏色。這樣的做法，讓人想起皮革設計家亨利・貝格林（Henri Beguelin）創辦的Henry Cuir（編按：意大利知名的手工皮革品牌）。不過，店裡的商品比起Henry Cuir，來得更生活化、也更精巧可愛。

老闆是高橋貞昭先生，我特地將自己的感想傳達給他。因而得知，生於皮革製品家族的他，反抗了雙親、拒絕繼承家業，決定自己出來經營皮革小物的批發。在創業的過程中，他開始發想、想要生產像亨利．貝格林設計的高品質產品，於是開了這家店。

事實上，二十年前我在Barneys擔任採購時，曾經與亨利．貝格林見過面。也因為亨利．貝格林的「牽線」，我與老闆愈聊愈起勁，感覺自己就是應該出現在這家店。

有趣的是，我和亨利．貝格林相遇的情況也是這樣。在義大利時，我隨意走進了一家店、進而認識他。

我非常喜歡背包，所以創立的CRUM品牌，也有販售托特包。我看過的背包可以說不計其數，可是，最近能讓我覺得心動、或是覺得這個包包真的「太棒了」的商品，卻愈來愈少。

不過，在看到高橋先生所製作的皮製背包時，當下我便知道這正是自己想要的。

由於店裡商品都是純手工製作，據說一天只能完成兩項。老闆努力不懈地製作簡潔又好用的東西，而且，價格只有Henry Cuir的三分之一而已。那天，我便訂製了一個棕色皮革搭配藍色縫線的肩背包。

光是有意識地逛街，就能發現各式各樣的事物。而且，**透過在街上發現的一切，也會遇到與你相同頻率的人**。所以，如果發現好商品，不要光是掏錢購買，還要試著與老闆或是物品的製作者交流。這麼一來，就能為自己開拓更廣大的世界。

街頭散步鍛鍊出的發現能力，絕對有助於自己和有趣的人事物來場意外又美麗的邂逅。

藤卷大師的街頭散步地圖

大創（原宿店）

東京都澀谷區神宮前1-19-24 Village107
TEL：+81-3-5775-9641
營業時間：10：00～21：00
公休日：無

classico

東京都台東區谷中2-5-22山岡大樓102號
www.classico-life.com
TEL：+81-3-3823-7622
營業時間：12：00～19：00
公休日：週二

Leprotto

東京都文京區千駄木3丁目40-12福島大樓二樓
www.leprotto.jp
TEL：+81-3-3827-8100
營業時間：13：00～18：00
公休日：週三

Chapter 6

憑感覺、講美感，不理性才能比人強

沉浸在美的事物吧！
不要只用頭腦想，
用心感受更重要。

36 「憑感覺」，工作更出色

如果問我在伊勢丹百貨工作時，最喜歡哪個地方，答案就是新宿末廣亭（編按：一九四六年開業，可欣賞落語〔類似中國的單口相聲〕等傳統娛樂的地方）旁邊的茶館了。

想在工作空檔喘口氣時，我就會去那裡。甚至有時下午三點進去，睡個午覺稍作休息，一醒來驚覺已經六點，還曾因此錯過兩個會議。對我來說，那是個非常舒服又能放鬆的空間，這可不是我錯過會議的藉口喔……。

雖然，用頭腦思考很重要。不過，有時絕對**不可忽視「自己的感覺」**。

透過「感覺」培養出來的，才是好的審美觀。所謂好的審美觀，是指「確實辨別出美好事物的眼光」。這不是只有從事藝術工作的人才需要的。我認為，在未來的時代，如果**沒有好的審美觀，就無法找到好工作**。具備這樣的眼光，你才能判斷什麼是質感好、感覺舒服，或是值得信賴的物品。

有些事，先憑感覺，會比腦袋思考更有用。

舉個例子來說，經常有人邀請我擔任設計獎的裁判。當參賽作品的資料寄到辦公室後，第一階段就是要先從眾多作品中，選出自己提名的作品。

這個工作我通常在三分鐘內就可以完成；但同樣的事情如果讓員工來做，可能就要花上一個小時的時間。而且，從結果來看，有時我只花數分鐘選出來的作品，最後得獎的機率還高一點。

這就是「審美眼光」不同所造成的差異。因此，要訓練自己有意識地觀察、感受所有事物。

以我為例，這就是街頭散步長久累積、造就出一眼判斷好壞的能力。就像是，持續閱讀書籍的人會知道許多用語；每天練習唱歌的人就能唱得好的道理。

真正的專業或鑑賞能力，都是透過每天「反覆練習」而成的。所以，如果看到喜歡的東西，不要只是匆匆看過，應該要停下腳步仔細觀察。唯有透過這樣反覆練習，才能培養出高度的審美眼光。

工作也是一樣。就算以前在課堂上學過營運或溝通等知識技巧，但真正應用在實務上時，卻經常得不到預期的結果。只有透過親自落實、經營，不斷重複，並將做得好與做不好的經驗歸納出心得，才會帶來好的成果。

雖然，培養審美眼光花錢又花時間，但「繞遠路」是必須的。然而，如果對於外在事物毫無感覺的話，就什麼都學不到了。例如，去美術館觀賞展出的藝術品或工藝品時，先試著體會、感受現場氣氛，以及內心有什麼感覺……。至於原創者的創作動機，可以等事後再深入了解。

除了用頭腦思考，也要試著「憑感覺」，持續這樣的練習，才能培養出高度審美眼光。

我的審美眼光，也是這二十多年來持續逛街磨練出來的。只要一發現好的、有趣的物品，我一定會拿起來仔細端詳，甚至有時還會當場測量尺寸。自己認為「好東西」的尺寸是多少？「方便攜帶」的背

培養審美眼光：重複察看、憑感覺

有意識地觀看各種事物。

不只是用頭腦「思考」，
還要用心「感覺」。

包尺寸又是多少？

持續進行這樣的動作後，我逐漸明白，好東西一定會符合「黃金尺寸定律」，也就是使用時感覺舒服的最佳平衡狀態。相反地，賣不好的東西就是因為缺乏這樣的定律。CRUM販售的托特包，就採用了我歸納出來的黃金定律。

我並非天生就具有高度審美眼光，或是藝術方面的感性能力。不過，光是觀察那些大家都說好的事物，就足以學習許多設計相關的知識了。

當你用心在街頭散步時，就會發現線索藏在各個不同的角落裡。**看到自己覺得「好」的東西，先運用五感去感受到底好在哪裡，而不是只用頭腦思考為什麼好。**我想，這才是鍛鍊審美眼光的第一步。

逛街實用小物 06

一本好用的記事本

工作上，因為都由祕書替我安排行程，所以大約有七年的時間，我沒有隨身攜帶記事本了。雖然經過這麼長的時間，卻有一本記事本讓我「想用看看」。就是高人氣的HOBO手帳，封面是MORIKAGE SHIRT KYOTO（譯按：專營襯衫或客訂製服裝的店家）的代表──森蔭大介先生所製作。他也是手工藝製作領域中，我最尊敬的一位。

原本我只是單純迷上記事本的封面，才想買來用，沒想到卻出乎意料的好用。腦中浮現的點子，不僅可以馬上記錄下來，而且因為記事本裡的內袋相當多，所以一在街上發現優質店家，我就會將名片順手夾在記事本裡。所以，我的記事本很快就「變胖」了……。

37 沒有好品質，照樣賣得好？

從東京目黑車站往自由之丘方向的目黑通，被稱為「家飾街」。這條街上有許多新舊不一且各具特色的家飾店。

我一定會去逛的店是Lloyd's Antiques。這家店有橡木或桃花心木製作的傳統英式家具，也有設計簡潔的北歐骨董家具等。其實，細心修復的歐洲骨董家具與日式房子、和風家飾等非常相配。更不用說帶著歲月痕跡的家飾，別有一番風味。

一開始，我會大致瀏覽店裡一遍。光是看一眼，多少就能了解「英國家具與法國家具的腳的弧度不一樣」。**以自己的方式感受設計上的微妙差異**，這樣的訓練有助培養審美眼光。不需要太過嚴謹，只要是自己觀察出的結果便夠了。就算判斷錯誤也無所謂，既然不是立志要當設計師，「隨意」看看就可以。最重要的是，培養自己的審美眼光。

另一方面，我也經常去逛時尚設計家飾品牌Francfranc和IKEA。這兩家店的商品，都能反映出當代潮流。如果把這兩家店與Lloyd's

Antiques做比較的話，就會有許多發現。

Lloyd's Antiques的商品不僅材質好，設計也很棒。

我們在前文中提過，如果把商品的整體價值以一〇〇%當作標準的話，多數好的商品都能維持在「設計五〇%加上品質五〇%」的比重平衡上。

另一方面，因為IKEA的商品非常便宜，所以品質大約是三〇%，但其商品相當具有時代潮流與居家個性，所以設計上可達到七〇%的價值。也就是說，IKEA的設計補足了品質上的不足。

像這樣，藉由想像品質與設計之間的平衡，也能感覺到時代潮流的趨勢。

IKEA的商品，價格便宜但著重在設計方面。這樣的商品能夠受到消費者喜愛，表示**現今的消費習慣可以接受具設計感、但品質稍差的商品**。

所以，如果商品的設計差，但品質仍維持不變，還是會被認為沒

試著比較兩種極端不同的商品

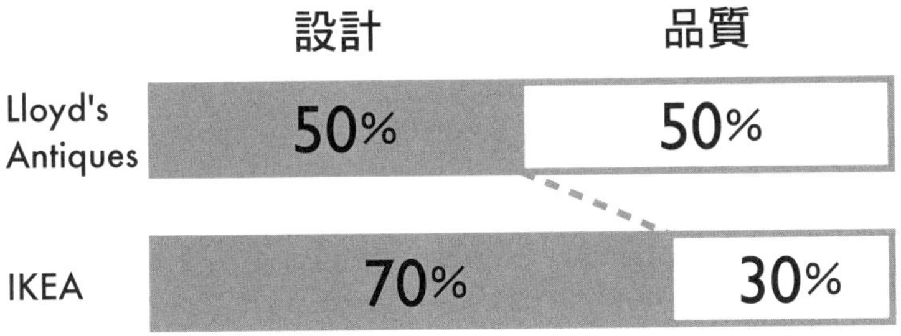

IKEA便宜但著重設計，深受消費者喜愛，
表示現今的消費習慣已經進入講究設計的時代。
可以試著調換數值，再思考看看吧！

有什麼價值。由此可見，現在已經進入講究設計的時代了。

透過這樣的觀察，讓我得以將創新、製作暢銷商品作為我的專業技能。

因此，不要只看自己喜歡的店，試著進去平常不會去逛的店，相信你的視野一定會對顏色、形狀、設計等價值觀產生改變，而這也是培養審美眼光的訣竅。

38 二手店，學習設計的美感

第五章中曾提到，我常在谷中與根津那一帶的住宅區散步。在那裡，你可以聽到主婦在晒衣服、清掃落葉的聲音、送報年輕人用力地騎著自行車的風聲，再加上野貓的叫聲……，這些全部都是生活中會出現的聲音。

當我走在遠離都會喧囂的地方時，心情就會感覺特別愉悅。

穿過這裡的住宅區，你會看到一家招牌寫著漢字「不思議」（讀音為HATENA，はてな）的店家。這是家專營舊書、舊物買賣的店。是我在逛街途中、無意間走進一條岔路發現的。

我小心地走上階梯，沒想到還要先在門口脫鞋才能進入店裡。光是「脫鞋」這個動作，就燃起我的好奇心、而且想要挑戰是否能找出有趣的東西。

店裡塞滿了讓人看了就興奮不已的各類商品。不分各個時代及類別，全都雜亂無章地擺著，真是一個奇妙的空間。不過，擺放最多的，是獨特而古老的東西，例如透明肥皂盒、航空公司的徽章、日本

想一想，有哪些**舊東西**可以**加上新設計**？

推理小說家江戶川亂步的舊書，或是尼康（Nikon）的舊相機等，從破銅爛鐵到收藏家渴望擁有的東西一應俱全。

而且，每樣商品的價格會便宜到讓你心有惶恐地詢問：「真的可以賣這個價格嗎？」所以，每次只要出現在那裡，我就會忍不住地這個也買、那個也買。

如果把二手店的商品與現代商品做比較，就會看出**設計的進化及其起源**。

舉例來說，二百日圓起跳的舊火柴盒，大部分是來自咖啡店、餐廳以及企業等地方，可以看出日本在經濟高度成長期中，火柴盒擔任了一個重要的廣告媒介。看到飛利浦（Philips）製造的可攜式黑膠播放機，就會讓人想起從唱機到iPod等音樂播放器的變遷。

有一次，我發現穿和服時、手裡總會拿著的手提布袋上，卻裝了銀色銅釦。這樣的設計，與以往用布繩綁布袋的方法不太一樣。因為束口十分緊密，完全不用擔心袋裡的物品會掉落。而且就算拿在手上，也很適合和服的穿著。或許，還能放進小藥盒。我從來都沒有想過布袋束口可以加上金屬扣，看到這樣的設計，不禁燃起我製作物品的熱情。

每每去到二手商店，富含智慧和幽默感的商品，總會映入我的眼簾。看到骨董店裡標價五十五萬日圓的印籠（編按：原作為收納印章及印泥之用，江戶時代演變為掛在腰間存放隨身藥物的小容器），或是在淺草的集幣社裡，看到古時的紙幣標上令人咋舌的價格，就會完全翻轉以往存在腦中的價值觀。這是在現代精品店中得不到的體驗。

很多人經常對我說：「您知道的東西還真多啊！」我想，這是因為街頭散步讓我知道許多與一般領域不同的店家和景點。

話雖如此，但也不必覺得自己非得把所有淵博的學識都塞進腦袋裡。平時只要不抱任何目的地持續觀察，自然就能培養出獨到的眼光，磨練出幽默的感受性。

39 有歷史，才有未來？

培養審美眼光一定不能忽略的地點，就屬飯店了。對許多人來說，熙來攘往的飯店不僅舒適，更是個乾淨漂亮的建築。

對我來說，最棒的飯店就是位於橫濱的新格蘭飯店（Hotel New Grand）。這家飯店位於山下公園前面，擁有八十年以上的歷史，堪稱古典飯店的代表。

在開幕時，英國王室、英國喜劇演員查理・卓別林（Charlie Chaplin），以及好萊塢明星、美國職棒球員等，都曾住過這家飯店。二次大戰後，美國麥克阿瑟將軍（Douglas MacArthur）也曾住過。

我最喜歡這家飯店的中庭。他們的中庭雖沒有大型花園的規模，卻有著英國庭園的風格，是個既安靜又有品味的空間。當我感到焦躁不安時，只要一來到這裡，心情一定變得沉靜許多。

第一次來新格蘭飯店，大概是我小學的時候，住在附近的叔叔經常帶我來用餐。從年少時就烙印在我腦中的，是保持至今的藝術裝飾風格。後來，我之所以會對橫濱在地品牌——Kitamura的皮包，以及其他具有古典味道的商品，都抱持某種程度的眷戀，我想一定是受到新格蘭飯店古典風格的洗禮所帶來的影響。可以說，我對於古典品味的原點，就在這裡。

三十歲擔任Barneys的採購、前往紐約進修時，經常有前輩提醒我：「要多看一些經典作品。」在這之前，我總認為所謂古典就是「舊東西」。不過，在Barneys進修期間，我學到了「**所謂古典就是『好東西』**」。

「**正因為到了現代還能保持原味，所以是真正的好東西**」。從那以後，我便學會追求「真正好東西」的本質，以古典事物作為基礎來判斷好壞。

工作中，看了愈多巴黎或米蘭的最新流行時尚，我就愈想接觸古典的物品。這個時候，我就會去擁有久遠歷史的古典飯店。看看建築物、裝潢以及聚集在那裡的人們。多看些經過久遠歷史累積而形成的「好東西」，一定能提升自己的審美眼光。

藤卷大師的街頭散步地圖

Lloyd's Antiques EGOIST

東京都目黑區碑文谷2-5-15
www.lloyds.co.jp
TEL：+81-3-3716-3338
營業時間：11：00～19：00
公休日：全年無休

不思議

東京都文京區千駄木2-35-7 Petticoat Lane 2樓
higishi.seesaa.net
TEL：+81-3-3828-3856
營業時間：（平日）13：00～19：00；
（假日）13：00～21：00
公休日：週三與進貨日（不固定）

橫濱新格蘭飯店

神奈川縣橫濱市中區山下町10番地
www.hotel-newgrand.co.jp
TEL：+81-45-681-1841

Chapter 7

找個祕密基地，轉換心情再出發

敞開心胸去感受，
徹底放開一切、
學會怠惰。

40 你的心情，被「置之不理」？

相對於「幸夫」這個好名字，我少年時期的回憶卻是充滿著痛苦。因為氣端、身體比較虛弱，所以常常請假沒去上課，還曾經因為異位性皮膚炎而住院。又因為經常轉校，小時候的我非常怕生。

每當回想過去，我就覺得不可思議。因為在學校幾乎沒有什麼知心朋友，加上瘦小的體形、念書和運動又不特別在行，壓根就是一個不受人注意的孩子，於是非常容易受到霸凌。所以，我總喜歡獨自翻閱母親送我的生日禮物——《植物圖鑑》。

不過，就在某一天，我的人生出現了轉機。

九歲那一年，我才剛從大阪轉學到橫濱。那一天，我在棒球場上負責外野，結果一個高飛球往我的方向飛過來。我心想，反正死馬當活馬醫，就拚命接住吧。沒想到，那顆球竟然不偏不倚地落在棒球手套裡。

從那一瞬間開始，我的內心很奇妙地湧現「我也能辦得到」的自信。奇妙的是，從那時開始，我變成一個敢在別人面前侃侃而談的小孩。就連在家裡附近，也被稱為「調皮的幸夫」。從此一路轉變，成為現在的我。

就算是現在已經成為別人眼中的成功人士，我也經常突然想起那個沒有任何優點、土氣又瘦弱的自己。每當這種時候，我就會一邊回想少年時代，一邊在老家附近散步。

正因為有那段痛苦的回憶，所以現在即使是小小的好事，我也會感到幸福。

回想小時候經常遭霸凌的事，現在已經覺得沒什麼大不了的。藉由確認過去膽怯的自己，就能轉換心情，並再度湧現「明天還要繼續努力」的活力。

當我告訴別人自己散步時，會心不在焉、想以前的往事，他們總會感到驚訝。因為在他們眼中，我在工作上總是不停地忙碌著。不過，正因為心不在焉地散步，才能擁有「轉換心情」的時間，進而成就現在的我。

轉換心情，我認為不是只有提振精神、排除負面情緒而已，還要**放下與忘卻**。假設在工作上遇到麻煩事，這時就要**忘掉工作上的一切**，特意去電影院看場電影。不受工作的影響，全心全意地享受看電影的樂趣。

這麼一來，好的想法或解決對策就可能突然浮現在腦中。這樣的情況，我可是經常發生呢。

以中國「陰陽學」來說，所有的事物都會處於「陰」與「陽」的平衡上。工作與欣賞電影等私人時間也是一樣。相反的兩件事取得平衡，透過這樣的平衡關係才會產生好的結果。我認為，這才是轉換心情的本質。

所以，當我在**工作上遇到瓶頸時**，**就會什麼都不想地去散步**、去**我最喜歡的淺草看電影或是和朋友聚餐**等。擁有讓自己或旁人變得開心的時間或場所，這才是真正的轉換心情，同時會對工作帶來好的影響。適時地轉換心情，其實是有其深奧的道理。

頂尖商業人士才會懂的「公私平衡」

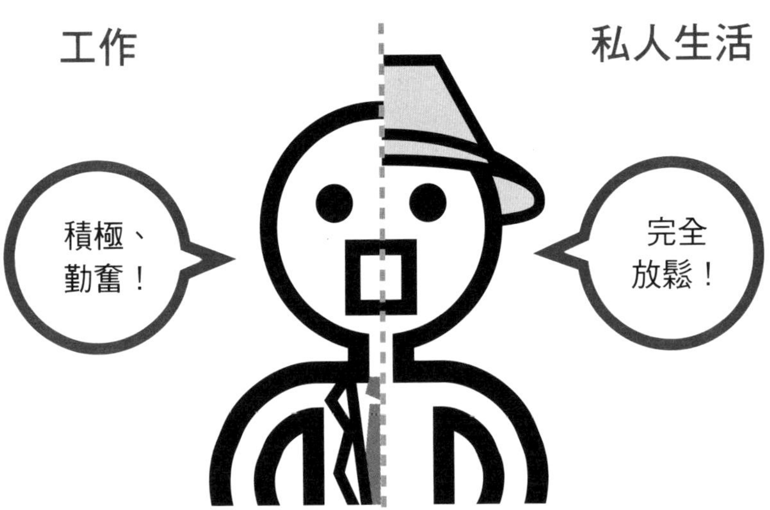

學會轉換心情，才能為工作及人生帶來好的結果。

很多人會說，「我懂得轉換心情呀。」但你真的知道如何轉換嗎？多數人的做法不是「轉換」心情，而是將心情「棄置不理」，不是嗎？

前六章的內容，都是由我採取「主動攻勢」作為充實自己的街頭思考術。不過，這一章完全相反。我將為各位介紹如何透過散步及轉換空間，來療癒因積極逛街、思考與工作而感到疲憊的心情。

忙裡偷閒吧！就算再怎麼忙得不可開交，一定會有一丁點的空檔時間。不要以「忙碌」為藉口，請確實做好心情的轉換。

逛街實用小物 07

iPod，下載你喜歡的歌

柏茲．史蓋茲（Boz Scaggs）的〈JOJO〉（出自《My Time》）、約翰．藍儂（John Lennon）的〈Woman〉（出自《雙重幻象》〔*Double Fantasy*〕）……，這些八〇年代溫暖人心的歌曲，全都出現在我的iPod裡。

iPod可以容納許多歌曲，每當我想要轉換心情時，就會一邊聽著我喜歡的音樂，一邊散步。光是一邊聽著音樂、一邊有節奏地走著，就能將工作上的疲憊一掃而光。存在iPod裡的音樂，都要感謝一位非常熟悉音樂的後輩幫我下載的。我只交給他一個空機，就幫我搞定一切。

有時，我會隨身攜帶一個迷你喇叭，在公園裡小聲播放、靜靜地欣賞，這樣一來，就能充分地放鬆心情。

41 工作的地方，離家愈遠愈好

我住的房子，是屋齡四十年的透天厝，非常破舊，就連牆壁上的油漆也都剝落了。但每當我這麼說時，別人都會說：「您又在開玩笑了。」而不肯相信我的話。

有一次，公司裡的副社長鈴木正晴先生因公事來我家，看到房子的外觀後，他嚇到完全說不出話來。「原來，您以前說的都是真的耶……看到您住的地方，我覺得自己可以比以前更信任您了。」

所以不是我過於誇張，我家真的非常破舊。讓那些以為我住在寬闊豪宅的朋友們幻想破滅了，真的很抱歉。

屋裡的空間十足狹小，我的房間也只有八張榻榻米大（約四坪）。房間裡，有一整排的衣櫃。就連靠近天花板的空間都有效利用，收納了數百件我最喜歡的條紋或格紋襯衫。我每天都在房間裡僅有的地板空間鋪棉被睡覺。

不過，就算是這樣破舊的房子，對我來說也是一個能夠完全放鬆的地方。

住在這裡已經超過三十八年，從我在伊勢丹工作開始，就一直通車上班。雖然，這裡開車到橫濱市中心需要花四十多分鐘，卻是個幽靜的好地方。我從來沒想過要搬往東京都市中心，更沒想過自己建造豪宅。

基本上，對於把錢花在居住環境上，我一點興趣都沒有。也從沒想過要邀請朋友來家裡開派對。某種程度上，我認為家庭派對是一種「炫耀房子」的心態。我不想以住宅的豪華程度來與別人拚勝負。

比起利用華麗的空間炫耀自己的富有，我認為，能夠以**「真實的心情」與別人用心交往，才是富足**。與其花錢蓋間奢華的房子，我寧願用這筆錢去世界旅行。這才是屬於我自己的「富有」。

對我來說，能夠放鬆的地方，不是用錢堆砌出來的。就算是破舊的屋舍，就算電視或收音機故障了，我還是覺得**自己的家是最能放鬆的地方**。因為，這是只有我知道「真正的自己」的地方。

經常聽到上班族說：「公司位置離住家愈近愈好。」不過，我認

好工作，就要離家遠一點

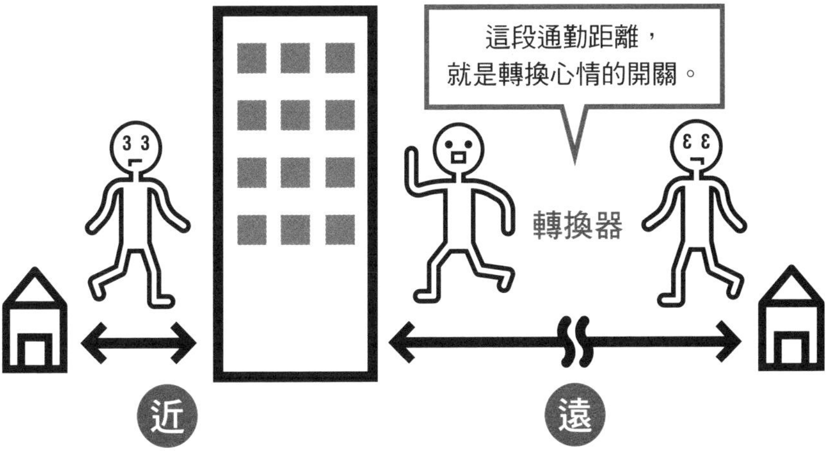

理想的工作狀態，是公司與住家位於相反方向。
而且，要刻意遠離才好。

為理想的狀態，是公司與住家應該位於相反方向。而且，要刻意遠離才好。

我的興趣已變成工作。對我而言，「工作」與「玩樂」幾乎沒有界線，兩者幾乎合為一體。正因為我平常的生活都是公私混雜，所以住的地方至少希望能夠離公司遠一點。

東京是工作的地點，橫濱就完全是我私人的地方。每次從東京回到橫濱的車程，我的心情就會跟著轉變，就能面對自己的本質。所以，擁有這段「轉換的時間」是非常重要的。

42 找個自己的祕密基地

我有一個祕密庭園，位在一個可以眺望整個橫濱市區的台地上。每到櫻花盛開的季節，這裡的美總叫人驚豔。

我的祕密園地，就是根岸森林公園。這是一個供橫濱市民休憩的綜合公園，是我擅自將這個公園當成「我的庭園」。反正在腦子裡想想又不用花錢。

只要一想到自己隨時都有一個庭園、可以度過悠閒時光，心情就會變得輕鬆。

要前往根岸森林公園，先走出JR根岸車站，經過知名的咖啡簡餐餐廳——Dolphin，再走上坡道，大約二十多分鐘後就會到達。平緩山丘上有著整片草地，草地四周圍繞著大片森林，是一個安靜、沉穩，聽不到都會喧囂聲的地方。

一八六七年，這裡曾經舉辦日本第一場的西洋式賽馬，同時是日本賽馬的發祥地。因戰爭而封鎖之前，據說這裡非常熱鬧。

觀景台前的長凳是我最喜歡的地方。在這裡，可以看到橫濱港未來21的摩天輪，天氣好的時候還看得到富士山。聽到從橫濱港傳來的汽笛聲，感覺非常愉悅。

大學一年級時，我第一次來到這裡。一個人從家裡騎著腳踏車，一到這裡，就看到遺留著舊時風貌的觀景台、兀自沉靜地佇立原地，內心深受感動。

知名建築師J・H・摩根（Jay Hill Morgan）所建造的這棟現代古典建築，讓我確實領略到古建築之美。

背對著舊時代的遺跡，眼前見到的是現代化的橫濱市區。同時將橫濱的新、舊面貌映入眼簾，不禁讓人思考舊東西與新東西分別擁有的本質。

還在伊勢丹工作時，每當從這裡眺望橫濱市區，我就會再度堅定信心：「我一定要成功！」如今，我會在喜歡的長椅上閱讀文庫本（編按：日本平裝書籍的小型規格，常見尺寸為A6），悠閒地眺望風景。

根岸森林公園，是我開始散步的原點。也可以說，是我決定從事目前工作的契機，所有的一切都從這裡踏出第一步。即便是現在，這裡依然是我最喜歡的場所。

建議大家，**找個自己喜歡的公園或庭園，轉換自己的心情**。不用刻意等到賞花季節，平常日子就應該度過屬於自己的悠閒時光。

43 劇場、經典電影裡的獨特靈感

每個月我至少會去淺草一次。每次去，就會看到平常看不到的新奇物品或是奇特的人。

在這裡，我是一個完全不知名的人物，所以可以盡情地到處走走看看，有時還會買張馬票試試手氣。

幾年前，當我還在Seven & I集團工作時，在緊湊的行程中，還是勉強自己去淺草一趟。過沒幾天，我就生病住院，還跟公司請了好幾個月的病假。

現在回想起來，當初我應該是已經累到就算勉強自己、也想要轉換心情吧……。

淺草地區我最喜歡的地方，是被稱為公園六區的熱鬧街道。這裡有淺草唯一舉辦落語（譯按：表演者一人分飾多角地描繪一則故事）表演的淺草演藝廳。

以前，日本知名落語家古今亭志生、林家三平、年輕時的立川談志，以及三遊亭圓樂等人，都曾經在此登台演出。這是一個歡笑的殿堂，表演節目以落語為主，分成日場、夜場。

另外，還有日本稱為「漫才」的對口相聲、魔術表演，以及「漫談」（譯按：類似中國的單口相聲，表演形式為表演者一人在台上自說自話）的單口相聲等節目。一天之內，就能看到所有日本技藝的演出。與老爺爺、老奶奶們一起歡笑，我非常享受那種與大家合而為一的感覺。

還有經常放映經典電影的傳統戲院——淺草名畫座，我非常喜歡去看些老電影。

這裡不只上映過知名演員高倉健、菅原文太主演的俠義電影，以及《教父》，還有《男人真命苦》系列電影（編按：由日本松竹映畫製作，全長四十八部的喜劇電影）等。

在淺草與年長的觀眾一起看《男人真命苦》時，看到主角寅次郎被女性拋棄後，一個人再度拎著皮箱繼續流浪的背影，不知為何內心就會產生一陣感動。

經常有人問我：「您怎麼都會想到這些有趣的想法或點子？」我想，或許是因為除了最新流行與文化，我經常看這些古典作品的原因吧。所以，腦中常會浮現一些不按牌理出牌的奇特想法。

如果想要**提高自己的企劃能力或提案能力**，與其狂看商業書籍，我更想建議年輕人，去**看些經典電影或傳統藝術**。

44 找出讓自己放鬆的咖啡館

我只需要一杯紅茶，就能轉換情緒。**光聞茶葉撲鼻而來的芳香，就足以讓人放鬆**。所以，我對咖啡館或茶館是非常講究的。

我最喜歡的下午茶，是橫濱元町的義大利餐廳——汐汲坂花園。那裡不只可以感受悠閒氣氛，店裡自製的蛋糕捲也非常棒。另外，提供美式晚餐、位於山下公園附近的Jack Cafe；或是旁邊的北歐餐廳SCANDIA等，都是我經常去的餐廳。

以我的觀察，橫濱咖啡館與東京咖啡館的差別在於，前者塑造出成人的悠閒氣氛。就算是老伯伯一個人坐在咖啡店裡，也不會覺得奇怪。在這裡，沒有人會在意身分地位。無論是年輕人或老年人、都市人或鄉下人、善於打扮的人與不懂打扮的人，全都交融在一起。店裡會散發出一種融合的氣氛，可以自在開心地與鄰座客人交談。

我認為，「咖啡館」這個空間提供給我們的樂趣，就在這裡。

我也喜歡東京的咖啡館。經常去的咖啡店，店裡還掛著一張北野武導演的畫。另外，還有位於銀座的「壹真珈琲店」、「洋菓子鋪

West」；以及位在新宿的「Coffee L'ambre」、「F.O.B COOP廣尾本店」等。

在F.O.B COOP裡，偶爾會看到老闆——益永光枝先生的帥氣打扮。每次見到他，還沒主動開口說話，他就會叫我：「多打扮自己一點。」讓我每次上門都不禁繃緊神經。

至於連鎖咖啡店，我幾乎不太主動上門光顧。因為完美的操作手冊、通透的店面，總讓人感覺無趣。如果，旁邊有許多客人在打電腦或忙著講電話，我就完全無法放鬆。所以，我比較會去咖啡館或茶館，而不是連鎖咖啡店。

在自己喜歡的咖啡店裡，我會看書、翻看記事本整理想法，或是整理預定進行的工作。

其實，白天的時間我幾乎不會去想隔天的行程。這是從我還是上班族時就開始的習慣。因為我認為，如果心裡一直想著明天以後的事，就無法全心投入到今天的工作。

我在咖啡館裡的時光

找間喜愛的咖啡店，讓紅茶、蛋糕、音樂、店員……，
店裡的所有一切，幫助我們快速轉換心情。

不過，如果去咖啡店的時間是傍晚的話，我就會放鬆地打開記事本，把模式轉為「明天」，只花十多分鐘安排行程。若事前準備工作做得好，當天剩下的時間，就能充分運用在當天的工作或是私人事情上了。

就像經常光顧的餐廳或酒吧一樣，我們也可以**擁有自己喜愛的咖啡館**。讓紅茶、蛋糕、音樂、店員……，幫助我們快速轉換心情。

藤卷大師的街頭散步地圖

根岸森林公園

神奈川縣橫濱市中區根岸台1-3
TEL：+81-45-671-3648（都市部公園服務專線）
備註：自由進出。

汐汲坂花園

神奈川縣橫濱市中區元町3-145
www.shiokumizaka.com
TEL：+81-45-641-5310
營業時間：週一至週三11：00～18：00；
週四至週五11：00～22：30（最後點餐20：00）
公休日：不固定

淺草演藝廳

東京都台東區淺草1-43-12
www.asakusaengei.com
TEL：+81-3-3841-6545
營業時間：日間11：40～16：30；
夜間16：40～21：00
公休日：全年無休

結語

邊走邊思考，改變我的一切

二〇一〇年夏天，我決定參選日本參議院議員。原本對政治完全沒有興趣的我，之所以決定參選的理由是：在每天街頭散步的觀察下，我體認到，如果想要改變這個國家，當上政治家會比進行草根運動來的快。

決定選舉後，有更多人來拜訪我了，例如詢問我是否能想些方法處理廢棄的農作物；請教我如何行銷推廣、包裝日本酒等。因此增加了不少與有志青年溝通的機會。

在選舉活動中，我巡迴了日本各地，因而了解年輕人們其實對於政治和日本這個國家是有想法的。

雖然選舉失利（編按：在二〇一二年底，作者第二次參選參議員成功）、無法推動相關法案，但透過選舉也讓我確實感受到自己能做、應該做的事還有許多。

所謂「欲速則不達」。因為急著實現自己的想法而參加選舉，才發現，其實「繞點遠路」會有更好的結果。

參選過後，我還是持續在街上邊散步、邊思考。「有一天，我一定要開間在地的百貨公司，網羅日本真正好的、重要的東西」，每當散步街頭時，這樣的夢想就會愈來愈大。

人生就是「走路」，逛街就是走在人生的道路上。光是「有意識地」走著，人生的道路就會變得開闊，世界也會隨之變得寬廣。

街頭散步，就足以磨練出創造力，還能因此提高工作品質。正因如此，一天五分鐘、有意識地走著是相當值得的。

以前，我是個沒有任何優點的平凡人（雖然現在還是一樣……），多虧了邊走邊思考的習慣，讓我覺得人生很有趣。透過逛街，所有的一切都改變了。

請各位讀者一定要試著上街走走。你就會發現人生是多麼地珍貴，絕對不能輕言放棄。

國家圖書館出版品預行編目資料

頂尖人才的街頭思考術／藤卷幸夫著；陳美瑛譯.--初版.--
臺北市：商周出版：家庭傳媒城邦分公司發行，民103.11
224面；14.8×21公分
譯自：ビジネスパーソンの街歩き学入門
ISBN 978-986-272-680-8（平裝）

1.生活指導
177.2　　103020189

ideaman 75
頂尖人才的街頭思考術
為什麼他們光是逛超市、吃美食、買東西、觀察路人……工作績效、能力就是比人強！

原著書名／ビジネスパーソンの街歩き学入門
原出版社／ヴィレッジブックス
作　　者／藤巻幸夫
譯　　者／陳美瑛
企劃選書／何宜珍、魏秀容
責任編輯／呂美雲

版　權　部／黃淑敏、翁靜如、吳亭儀
行銷業務／林彥伶、張倚禎
總　編　輯／何宜珍
總　經　理／彭之琬
發　行　人／何飛鵬
法律顧問／台英國際商務法律事務所　羅明通律師
出　　版／商周出版
臺北市中山區民生東路二段141號9樓
電話：(02) 2500-7008　傳真：(02) 2500-7579
E-mail：bwp.service@cite.com.tw
發　　行／英屬蓋曼群島商家庭傳媒股份有限公司城邦分公司
臺北市中山區民生東路二段141號2樓
讀者服務專線：0800-020-299　24小時傳真專線：(02)2517-0999
讀者服務信箱E-mail：cs@cite.com.tw
劃撥帳號／19833503　戶名：英屬蓋曼群島商家庭傳媒股份有限公司城邦分公司
訂購服務／書虫股份有限公司客服專線：(02)2500-7718；2500-7719
服務時間：週一至週五上午09:30-12:00；下午13:30-17:00
24小時傳真專線：(02)2500-1990；2500-1991
劃撥帳號：19863813　戶名：書虫股份有限公司
E-mail：service@readingclub.com.tw
香港發行所／城邦（香港）出版集團有限公司
香港灣仔駱克道193號東超商業中心1樓
電話：(852) 2508-6231　傳真：(852) 2578-9337
馬新發行所／城邦(馬新)出版集團
Cité (M) Sdn. Bhd.
41, Jalan Radin Anum, Bandar Baru Sri Petaling, 57000 Kuala Lumpur, Malaysia.
電話：(603)9057-8822　傳真：(603)9057-6622
商周出版部落格：http://bwp25007008.pixnet.net/blog
行政院新聞局北市業字第913號

封面設計／copy
內頁設計、編排／雞人工作室
印　　刷／卡樂彩色製版印刷有限公司
總　經　銷／高見文化行銷股份有限公司
電話：(02)2668-9005　傳真：(02)2668-9790

■2014年（民103）11月27日初版
■2015年（民104）5月4日初版4刷
定價／300元

Printed in Taiwan
城邦讀書花園
www.cite.com.tw

ISBN 978-986-272-680-8

Ideaman

Ideaman